Biografía

Manuel Vázquez Montalbán ha publicado libros de poemas, novelas, ensayos. Bastaría citar *Una educación sentimental*, *Cuestiones marxistas*, *Praga*, *Crónica sentimental de España*, *Manifiesto subnormal*, *El pianista*, *Crónica sentimental de la transición*, *Happy End*, *Almuerzos con gente inquietante* para dar idea y mención de títulos ya incorporados a la crónica literaria española contemporánea. Creador de un personaje, Pepe Carvalho, protagonista y pretexto narrativo de un ciclo que propiamente nace con *Yo maté a Kennedy* (1970), ha conseguido universalizarlo a partir de *Los mares del Sur* (Premio Planeta 1979 y Prix International de Littérature Policière, 1981, París). *Le Monde Littéraire* seleccionaba la versión francesa de *Los mares del Sur* (*Marquises si vos rivages...*) como uno de los títulos más importantes de la década 1975-1985. Ganó el Premio Literario Europeo con *Galíndez* y en 1995 obtuvo el Premio Nacional de las Letras Españolas por el conjunto de su obra.

La respuesta de los públicos de todo el mundo y de la crítica internacional ha confirmado que pese al aparente «localismo» de la narrativa de Vázquez Montalbán, enraizada en su espacio vital y rememorativo y fuertemente impregnada de tiempo personal e histórico, consigue transmitir y comunicar valores universales.

El laberinto griego

Manuel Vázquez Montalbán

Serie Carvalho

Planeta

Primera edición en esta colección: abril de 1997

© Manuel Vázquez Montalbán, 1991
© Editorial Planeta, S. A., 1997
Córcega, 273-279 - 08008 Barcelona (España)
Edición especial para Ediciones de Bolsillo, S. A.

Diseño de la colección: Summa Comunicació, S. A.
Gráfica «Carvalho 25 años»: Compañía de Diseño
Diseño de cubierta: Dpto. de Diseño de Ediciones de Bolsillo, S. A.
Fotografía: © Sílvia Aguado, © María Espeus

ISBN 84-08-02014-5
Depósito legal: B. 14.846 - 1997
Fotomecánica cubierta: Nova Era
Impresor: Litografía Rosés, S. A.
Impreso en España - Printed in Spain

Para Ángel Zurita
según lo convenido

Mais l'angoisse nomme la femme
Qui brodera le chiffre du labyrinthe.

[Pero la angustia nombra la mujer
que bordará la clave del laberinto.]

RENÉ CHAR,
En trente-trois morceaux

—Mi nombre no le dirá nada. Me llamo Brando.

—¿Marlon?

—No es la primera vez que me hacen este chiste. Luis. Luis Brando. Mi nombre no le dirá nada. ¿Verdad?

No, no le decía nada y tampoco quien le llamaba está dispuesto a facilitarle las cosas, sino a insistir una y otra vez, no, no claro, mi nombre ¿qué va a decirle? En otro tiempo, quizá. Se acercaba el desenlace del merodeo.

—¿No ha oído usted hablar de Brando Ediciones, S. A.?

—¿Libros de cine?

—Que no, leche, que no... —Se había enfadado, pero por poco tiempo. Le gustaba cargar de misterio o inseguridad el objeto de su llamada—. Mi hija. Yo tengo una hija. Me da muchos disgustos. ¿No podría venir usted a verme? Es un encargo profesional, desde luego.

—Desde luego. Yo no ejerzo, ni como padre, ni como desinteresado amigo de padres.

—No faltaba más.

También le costó dictar su dirección, como si no la recordara bien o como si le avergonzara vivir en un lugar residencial mediano, por su condición de residencial o porque era mediano. Colgó Carvalho y giró sobre la silla para encararse hacia la cocina.

—Biscuter. La ola de represión moral se confirma. Otro padre que quiere que vigile a su hija. Desde que se ha hundido el imperio soviético se van recuperando las costumbres.

Pero Biscuter no le contestaba y en cambio alguien llamaba a la puerta del despacho y aunque Carvalho proclamara: ¡Adelante!, las dos sombras permanecieron paralíticas, denunciadas tras el cristal esmerilado.

—¡Adelante, he dicho!

Sólo cuatro, quizá cinco veces, le había dolido el pecho de aquella manera. Hay mujeres que duelen en el pecho al contemplar la contención exacta de sus carnes y basta que te miren para que la patada de plomo te rompa el esternón y una dulce asfixia impida pensar en la existencia del aire. Pero a veces les basta estar, aparecer sin que tengas tiempo de analizar las razones; es su presencia, su estar en el mundo el que vacía el tiempo y el espacio, desparramando la angustia esencial, la primera angustia del primer hombre cuando se sintió convocado por la primera mujer. Algo de eso o todo eso ocurrió cuando Carvalho la vio apoderándose de su despacho con la espalda erguida y la cabeza echada hacia atrás para preparar el vuelo de una mirada envolvente, mientras cerraba el cuerpo con las manos unidas sobre su regazo. Se sintió tan conmovido que tuvo miedo primero y luego una indignación repartida contra sí mismo y contra aquella desestabilizadora de su equilibrio. Semanas después, cuando la mujer era ya un contorno borroso y Carvalho trataba inútilmente de recomponerla para almacenarla en un rincón agridulce de su memoria, tuvo tiempo, y lo empleó, en despiezar aquella presencia, como quien trata de comprender el arma que le ha matado por el procedimiento de desmontarla y notar en la mano el peso de cada elemento, su volumen, su textura. Pero ahora, a medida que la mujer avanzaba hacia su mesa, sólo pudo echarse hacia atrás en su asiento y ganar distancia, espacio, tiempo para llenar el pecho de aire y la cabeza de palabras.

—Sí, soy yo.

Y le dolió invitarla a sentarse, porque se le quedó reducida a la mitad. Era tan hermosa que Carvalho tardó unos instantes en darse cuenta de que iba acompañada. Sobre todo los ojos, construidos con piedras preciosas aún no clasificadas por ningún geólogo y aquellos cabellos miel oscura, espesos también como las mejores mieles oscuras, acariciantes de una cabeza de diosa dulce, la piel de melocotón sazonado, boca besadora de palabras. No la mires más, se dijo Carvalho. Pero seguía mirándola y hubiera seguido de no intervenir su acompañante e imponerle una desganada atención. Bien cierto es que el bien sería inaprehensible sin el contraste del mal e igual le ocurre a la belleza en relación con la fealdad. Más que fealdad estricta, el acompañante oponía inquietud a la imagen de placidez y playa propicia que ella proponía. Era de esos tipos que lo miran todo sin quedarse con nada, con los ojos casi desprotegidos de pestañas y el cabello díscolo, lo único que se escapaba a su disciplina física y psicológica. No hacía un gesto de más, ni regalaba palabras, tal vez porque se había presentado como mero introductor de la dama y su castellano era peor.

—Mademoiselle Claire Delmas y monsieur Georges Lebrun...

Eran los primeros franceses que querían contratarle, o al menos así lo habían anunciado nada más entrar. Para darse facilidades ante Carvalho, se decían recomendados por *Le normalien*, y aclararon que se referían a un fugaz conocimiento de Carvalho, un encuentro en la selva de Thailandia casi en la frontera de Malasia. Reconstruyó el encuentro con la memoria y le salió un curioso personaje posrevolucionario con miedo a envejecer y a aburguesarse. Por las referencias que eficazmente le dio monsieur Lebrun, el *normalien* ejercía ahora de economista de Estado al servicio del Gobierno Rocard.

—Era un escéptico sobre el poder.

—Lo sigue siendo. El poder está lleno de escépticos sobre el poder. ¿Es usted aficionado a la filosofía política?

—Cuando oigo la palabra filosofía me saco la pistola.

—No es necesario llegar a tanto, pero es usted muy libre de hacer lo que quiera con sus pistolas.

Luego, el hombre desganado aunque tenso, se desentendió de ellos y permitió que se estableciera un largo silencio antes de que Claire empezara a hablar y por fin lo hizo, con una voz hecha a la medida de su imagen de mujer del amanecer. Tenía una voz como recién salida de entre las sábanas.

—Busco a un hombre.

Pues empezamos bien, pensó Carvalho, desde la evidencia de que él no era el hombre buscado.

—¿Aquí?

—Aquí. Es el hombre de mi vida.

Carvalho comprendió por qué los franceses fueron los descubridores europeos del tango, ya antes de la primera guerra mundial, según había leído en un libro que todavía no había quemado, pero que en cuanto lo localizara serviría para iniciar el próximo fuego de su chimenea.

—La historia de mademoiselle Delmas es muy literaria, se lo advierto. La propia mademoiselle Delmas es muy literaria.

Le apuntó el hombre desganado, como si de pronto se sintiera convocado por la conversación. La mujer no pareció molesta por el sarcasmo. Aquellos dos jugaban a zaherirse.

—En cambio monsieur Lebrun sólo cree en los datos. Que dos y dos son cuatro, por ejemplo.

—Tal vez así he conseguido evitar que mi vida se convierta en una tragedia griega. ¿Le gusta a usted leer, señor Carvalho?

—Quemo libros.

—Si los quema es porque los tiene.

—No creo que les interese la historia de mi vida.

—A mademoiselle Delmas sí, seguro. Le encantan las historias ajenas y así cuando se le acaban las propias puede utilizarlas. Le preguntaba si le gustaba leer porque a mí me gusta y una de las lecturas más enriquecedoras que recuerdo fue la de *Homo Faber*, una novela de un suizo en la que contaba la tragedia griega de un hombre que no creía en las tragedias griegas. Desde entonces no sólo no creo en las tragedias griegas, sino que además, por si acaso, trato de evitarlas. No es el caso de Claire. Porque toda la historia gira en torno de un griego, de un hermoso griego como Antinoo. Muy curioso el dato de que usted queme libros. Yo tengo también una relación atípica con los libros.

—Sádica.

—Sádica, es posible, Claire.

—Tú no amas a los libros, ni amas a nadie.

Él asintió con la cabeza y algo parecido a una sonrisa le desdibujó aún más las facciones inconcretas.

—¿Sabe usted lo que hace este loco con los libros?

—Me muero de ganas de saberlo.

—Estornuda sobre ellos, come la fruta más madura que encuentra en el mercado sobre los libros abiertos, para mancharlos con el jugo y nunca tiene en casa más de diez libros. Los compra, los vende o los tira o los regala.

—¿Regala libros llenos de mocos y manchas?

—Procuro regalar los menos sucios, pero a veces no soy demasiado escrupuloso, al fin y al cabo un libro es como una caja cerrada y el lector no sabe casi nunca qué va a encontrar entre sus páginas. Ha de correr un riesgo.

Ella reía sin reservas y contemplaba al desganado con una cierta ternura, a la que él correspondía con una leve sonrisa de niño sorprendido en sus vicios secretos. Ahora me pedirán que les case, pensó Carvalho, y parte de su reprimida impaciencia debió exteriorizarse como un fluido porque la mujer hizo un esfuerzo por concentrarse en materia.

—Quiero prevenirle de que todo cuanto voy a contarle es verdad, porque a veces incluso yo misma pienso que pueda ser mentira, fruto de mis obsesiones. Conocí a Alekos, el hombre de mi vida del que le hablé, hace cinco años. Él acababa de llegar a París y visitó el museo en el que yo estaba haciendo prácticas. Era un inmigrante griego, mayor que yo, aprendiz de pintor y difícil superviviente en París. De hecho casi me pidió que le invitara a comer a los pocos minutos de haberle conocido. Me pareció un caradura pero era guapísimo. Tenía un cuerpo de atleta griego adolescente, a pesar de que ya estaba a punto de cumplir los treinta años y en cambio su rostro era el de un marino griego actual, curtido, con unos bigotes a la turca y algunas entradas. Desnudo parecía un adolescente poderoso con la cabeza de un pirata turco. Una semana después de nuestro encuentro se vino a vivir a mi apartamento del Marais y trajo consigo todo lo suyo. No me refiero a objetos materiales, que bien pocos tenía. Trajo todo su mundo cultural y sentimental. Me hizo sentir griega. Mi casa, y yo misma, se convirtió en una colonia griega en la que él desembarcaba como quería y cuando quería.

El hombre aplaudió con la punta de los dedos.

—Claire. Es la mejor versión de la historia que he escuchado.

—Sustituí mis amigos por sus amigos, mis recuerdos por sus recuerdos, mis gustos por sus gustos, hasta cambié mis comidas y durante años y años fui de restaurante griego en restaurante griego y en la cocina de mi casa no guisaba otra cosa que especialidades griegas. ¿Le gusta a usted la cocina griega?

—Es una cocina de verano.

Monsieur Lebrun volvió a aplaudir con la punta de los dedos, pero esta vez no intervino en la conversación.

—Adapté mi programa de vida al suyo. No sólo

15

estaba fascinada sexualmente por él, sino que también me sentía culpable. Él nos hacía a todos los pueblos ricos responsables de la pobreza de los suyos. A ustedes los españoles les tenía aprecio porque decía que se parecían a los griegos: primero habían hecho la Historia y luego la habían sufrido. Pero los franceses, los alemanes, los ingleses, los norteamericanos y los japoneses eran los actuales malvados de la Historia y todos éramos responsables, todos debíamos pagar por ello. Cada vez que yo presentía que no me amaba, que de hecho me estaba poseyendo, me estaba colonizando, se lo decía, desesperada, histérica y él entonces se volvía tierno y celoso, muy celoso, era muy celoso, hasta le molestaba que me miraran los demás hombres y cada noche debía hacerle un informe de todo cuanto había hecho durante el día.

El hombre se había levantado y mientras Claire hablaba curioseaba por los cuatro puntos cardinales del despacho de Carvalho y al llegar a la cortina que lo separaba del pequeño mundo de Biscuter, donde estaba el lavabo, la cocinilla y el espacio apenas para la cama del hombrecillo, con un dedo movió la cortina y se encontró cara a cara con Biscuter orejeante de la conversación. Dejó escapar la cortina sin inmutarse y se volvió hacia Carvalho por si había seguido su búsqueda. La había seguido.

—No se preocupe, es mi ayudante y escuchar detrás de las cortinas es una de las obligaciones de su contrato. Pasa, Biscuter.

Entró el fetillo secándose las manos sudadas en las perneras del pantalón y llevándoselas después a la cabeza para contener la rebelión de los cuatro pelos que le quedaban. Cerró sus grandes ojos caídos en el momento en que tomó la punta de la mano de Claire para llevársela a los labios, al tiempo que musitaba:

—Mamuasele.

Luego dio media vuelta para quedar enfrentado al hombre y entonces se limitó a inclinar la cabeza, tal vez excesivamente, a la japonesa, para estrecharle a continuación la mano que el otro se vio obligado a tenderle sin excesivas ganas.

—Mesieur.

Biscuter exhibió el mejor francés que conservaba desde sus tiempos de ladrón de coches fin de semana en Andorra y los franceses se quedaron boquiabiertos ante aquella catarata de entonaciones al servicio de un vocabulario que sospechaban emparentado con el esperanto. Las entonaciones eran tan francesas que incluso podía decirse que eran excesivas y se convertían en una ópera de música concreta que maltrataba la amabilidad de los huéspedes. Por fin Carvalho intervino para poner fin a la tortura.

—Biscuter, nuestros clientes necesitarían algo que les devolviera a su patria aparte de tu excelente francés. Es una hora adecuada para un vino blanco fresco. ¿Qué vinos franceses blancos tenemos en frío?

—Pouilly Fumé mil novecientos ochenta y tres, Sancerre del ochenta y cuatro y un Chablis del ochenta y cinco.

Por primera vez, Carvalho notó desconcierto en los ojos de monsieur Lebrun que dirigía cuatro miradas fotografiadoras a cuanto le rodeaba y las fotografías no se correspondían con la conversación sobre vinos que estaba sosteniendo el detective con aquel subproducto humano. La primera instantánea captaba aquel arruinado despacho años cuarenta, diríase que rescatado de la liquidación de *atrezzo* a cargo de un productor de películas de Humphrey Bogart. La segunda retenía todas las escaseces que se adivinaban en el vestuario de Carvalho, que monsieur Lebrun supuso elaborado a partir de rebajas no excesivamente bien seleccionadas y en el caso de Biscuter parecía haberse vestido por última vez un día interminable de la década de los cincuenta y desde entonces no haberse quitado el vestuario ni para lavarlo. Por otra parte la pulcritud y el tamaño del extraño ayudante podían llevar a la creencia de que también a él lo metían en la lavadora con la ropa puesta. La tercera fotografía iba más allá de aquella cortinilla y lo que había entrevisto como un rincón donde coexistían el frigorífico, una ducha, la taza sanitaria, un catre y la pequeña cocina de bombona de gas butano. La cuarta fotografía les implicaba a todos. ¿Cómo era posible tomar una copa de Pouilly Fumé en aquel marco y servido por aquel esclavo de Fu Manchú?

—No recele, monsieur Lebrun. Las apariencias engañan. Biscuter es un excelente somelier al que cada tres meses someto a la cata de vinos de una zona determinada de la tierra. Dentro de nuestras posibilidades, naturalmente. No llego a las grandes reservas, pero una vez cada semestre destapamos una gran botella. La última fue un Nuit de Saint Georges de mil novecientos sesenta y seis. Excelente. Si son amantes del vino blanco entre horas y presiento que sí, porque tanto usted como la señora son muy literarios, les aconsejo un Merseault, un Sancerre o un Pouilly. El Chablis reque-

riría la apoyatura del marisco o de cualquier ten-
tempié de sabor excesivamente agresivo.

—El Pouilly, si puede ser.

—Puede ser.

—No entiendo cómo ustedes, los españoles, pueden beber otro vino que no sea el Vega Sicilia. Mi
abuela era de Valladolid y desde la infancia con-
servo en el paladar el sabor del Vega Sicilia.

Con que una muchachita de Valladolid.

—Y el vino griego, ¿qué tal?

—Es lo que menos convence a Claire de su
tragedia griega, especialmente el que lleva resina.

—Algunos vinos de Creta, quizá. Y el vino
dulce de Paros, para los postres. Pero Alekos me
obligaba a beber Doméstica, el vino más común
en Grecia, porque decía que era el vino del pueblo
y de los turistas tontos y que él, cuando volvía a
Grecia, era una mezcla de hombre del pueblo y
turista tonto.

—¿Era comunista?

—Su padre había sido guerrillero comunista y
luego estuvo en la cárcel algunos años. Alekos
también militó en las juventudes del Partido, pero
no le gustó la política cuando les legalizaron. Se
vino a Francia. Era más anarquista que comunista.

—Lo más inocente y lo más inútil.

—Tú no puedes entenderlo, Georges. Tú eres
un vendedor. Un comerciante. Un traficante.

Biscuter llegó con las copas y la botella de vino,
acompañado de unos canapés cubiertos de un
engrudo rosáceo que hizo lanzar una exclamación
de júbilo a la mujer.

—¡Taramá! ¡Es una maravilla! ¿Cómo ha conseguido improvisar un taramá en tan poco rato?

—Son las pequeñas ventajas que aporta el que

mi ayudante escuche tras las cortinas. Es un taramá poco ortodoxo, no está hecho con la *poudgar-
de* adecuada, pero Biscuter lo hace muy bien a
base de huevas de bacalao.

—El taramá me devuelve a Grecia.

Y los ojos se le pusieron color de Egeo, mientras
le subía y le bajaba la respiración bajo un jersey
de lanilla alzado sobre dos pechos suficientes que
Carvalho adivinaba bien llenos y con los pezones
inacabados, como los pechos de las adolescentes.

—Taramá, Mousaka, Dalmades... Ahora sólo
faltaría una pieza de Theodorakis, por ejemplo,
o Perigal, con la letra de Seferis, que Alekos ponía
una y otra vez en el tocadiscos hasta que le llora-
ban las orejas, como él decía.

—¿Dónde perdió a un hombre tan fascinante?

—Ningún hombre puede aceptar que otro hombre es fascinante, a no ser que se trate de un
homosexual. Pero aunque lo haya dicho en broma, se lo juro, era fascinante. No. No lo he perdido. Se ha marchado.

—¿Por qué?

—Yo tengo la culpa. Le acosé demasiado y tal
vez le enfrenté a una realidad excesiva para él.
Los primeros años fueron de una mutua posesión,
incluso muy convencional, muy de pareja para
toda la vida. Hasta me llevó a Grecia para que
conociera a sus padres y de aquella visita salí
investida de la categoría de nuera. Mis suegros
aún me escriben y mi suegra llora cada vez que
recuerda que Alekos me ha abandonado. Más o
menos hacía tres años que vivíamos juntos cuando yo empecé a notar que disminuía la calidad de
nuestra relación. Él pasaba demasiado tiempo
fuera de casa, aunque es cierto que se había hecho

económicamente más independiente. Ganaba algún dinero posando como modelo. Ya le he dicho que tenía un cuerpo bellísimo. Luego noté que disminuían nuestras relaciones sexuales y que su capacidad de fantasía no era la misma. Cumplía como si fuera un actor rutinario, como un actor que sabe muy bien su papel, pero que lo interpreta sin dar otra cosa que su presencia. De mi abuela vallisoletana he heredado el mal genio, supongo, y no soy una mujer prudente cuando me va en ello algo que me afecte realmente, que me importe. Así que no dejé pasar demasiado tiempo y le eché en cara su cambio de actitud. Caí en el tópico de preguntarle quién era la otra. De dar por hecho que había otra. Y él en vez de tranquilizarme o de hundirme del todo con la verdad, con la verdad más cruel, me dejó gritar, dejó que me desesperara y se mantuvo en la ambigüedad durante un largo año, hasta que yo empecé a sospechar que no era exactamente lo que había pensado. Alekos era muy buen camarada de sus amigos y los hombres del Mediterráneo oriental, incluso los del Mediterráneo africano, son muy afectivos. Caminan cogidos de la mano. Se besan cuando se encuentran. Se miran tiernamente y eso a veces no es del todo comprendido por la mirada occidental. Yo misma le había dicho a Alekos que él y sus amigos parecían una tribu de maricones y a él le hacía mucha gracia. Decía que el capitalismo sólo nos había permitido conservar el erotismo en el aparato reproductor y eso mientras le faltaba mano de obra. En cuanto le sobraba mano de obra también nos controlaba el aparato reproductor. Pero tras seguirle días y días hasta descuidar mi trabajo al frente de un pequeño museo y estar a punto de que me expedientaran varias veces, llegué a la conclusión de que no había otra mujer. Él seguía viéndose con sus amigos y si había alguna cara nueva, se trataba de jóvenes griegos que se iban incorporando al grupo en busca de ayuda, porque no todos tenían el permiso de residencia. Las apariencias eran las mismas de siempre y aquello me deprimió aún más porque pensé que era yo la culpable, que el fracaso de nuestras relaciones era mi fracaso. Extremé mis muestras de cariño, mis exigencias sexuales hasta que él se sintió acorralado, agobiado es la palabra, y entonces se colocaba a la defensiva. Aún era peor. Una tarde en que yo debía estar en mi trabajo pero me encontraba muy deprimida y me quedé en casa con la luz apagada y los ojos escocidos de tanto llorar, llegó Alekos y no se dio cuenta de que yo estaba en el dormitorio, en la cama, a oscuras. Se puso a escribir en la mesa del comedor y desde la cama podía verle el hermoso perfil, su hermosa tristeza de aquella tarde mientras escribía y como la tristeza se le convertía en congoja y lloraba, con unas lágrimas pesadas, redondas, que le caían por las mejillas e incluso bañaban el papel. Lloraba desde una profunda angustia interior. Como sólo se llora cuando se ama. No era un llanto ante la muerte. Era un llanto del sentimiento amoroso frustrado.

—Permíteme que intervenga, Claire, para haceros observar, a ti, al señor Carvalho y a su distinguido somelier, que has descrito una escena de rigurosa inspiración posromántica. Sin los mares del Sur, lágrimas pesadas y cálidas, sin barricas de galleta y carne salada y sin señoritas pálidas paseando bajo la sombrilla, buena parte de la literatura del diecinueve no existiría. Demuestras hasta qué punto todavía la educación literaria que recibimos en el bachillerato y la universidad es decimonónica. ¡Un griego que llora! Eso es un cuadro orientalista pintado por Delacroix y descrito por lord Byron. Si en los estudios literarios que has recibido hubieran insistido más con Artaud, Genet o Céline, no te habría salido una descripción como ésta. La literatura y el cine nos ayudan a imaginar y a suponer nuestra vida y nuestra memoria. Sal de esas páginas y descríbenos lo mismo pero visto por Robbe Grillet, por ejemplo. Si hubieras leído más a Robbe Grillet no estarías buscando a un griego tan cursi.

—¿Puedo seguir, señor Carvalho? No nos juzgue mal. Georges interpreta el papel de querer sacarme de quicio, sabiendo que no va a sacarme de quicio.

—¿Se ha dado usted cuenta, Carvalho, del cuarteto que representamos? ¿Qué actores podrían encarnarlo a la perfección? Ella, Ingrid Bergman, sin duda. El somelier podría ser Peter Lorre, aunque algo más delgado. Usted, Humphrey Bogart, se lo tiene muy merecido y muy estudiado. ¿Y yo? ¿Qué actor podría encarnar mi papel? Le pongo en un compromiso porque le obligo a darme su impresión física y moral sobre mí.

—No tengo memoria cinematográfica. Para mí es igual John Wayne que Anita Ekberg o la perra *Lassie* que Elizabeth Taylor, incluso no sabría decirle si es la mismísima Elizabeth Taylor la que atraviesa toda Inglaterra a cuatro patas guiándose por el olfato, en *La cadena invisible*.

—Yo te diré quién podría interpretar tu papel: Peter O'Toole disfrazado de Bette Davis.

Algo parecido a la mortificación selló los labios estrechos de Georges Lebrun.

—El hombre de su vida, el griego, lo hemos dejado llorando mientras escribía una carta de amor ¿a quién?

—Aquí se planteó un problema. Me hice la dormida y él no me despertó cuando se dio cuenta de que yo estaba en la casa. Esperé a que remoloneara por la cocina, pensando que luego se iría, como tantas noches, pero no. Se acostó a mi lado y al poco rato dormía profundamente. Entonces me levanté con cuidado y busqué la carta. Estaba entre las páginas de un libro de poemas, un libro de poetas alejandrinos contemporáneos de Cavafis, Cavafis incluido. La carta estaba escrita en griego y yo apenas si sabía las palabras más convencionales, un griego de hotel y de aduana. Pero estaba exasperada, obsesionada y me metí en el lugar más protegido de la casa a descifrar la carta con la ayuda de un diccionario. Todos los verbos me salían en infinitivo, pero me daba igual. El sentido de la carta se iba desvelando a medida que avanzaba la madrugada y, en efecto, era una carta de amor, una carta de amor dirigida a un hombre, me pareció entender que a un tal Dimitrios. Luego supe quién era Dimitrios, un muchacho recién llegado de Samos, al que todos trataban de ayudar porque estaba muy destruido. Era un drogadicto, pintor, como Alekos. Pero aquella noche sólo tenía ante mí la prueba, una prueba confusa porque mi dominio del griego sólo me dejaba ante las puertas de la verdad. La carta estaba llena de erotismo, pero un erotismo de sueño, algo platónico. De hecho, la carta era la descripción de un sueño de Alekos en el que Dimitrios era el objeto de su deseo y le lanzaba algunos reproches porque no le hacía demasiado caso. Era la carta de un celoso. Los celos que en otro tiempo me dedicaba a mí, ahora se los dedicaba a aquel muchacho. Pero cuando leí una, mil veces, la traducción que yo había hecho, aún tenía la esperanza de que todo fuera un encantamiento transitorio. De que nada se hubiera consumado. No podía soportar la idea, la simple idea de Alekos en la cama con otro cuerpo, y aún menos con el cuerpo de un hombre. La carta no aclaraba nada sobre el contacto físico y creí que aún no se había efectuado. Me equivoqué gravemente, porque a partir de aquella noche hice lo peor que podía haber hecho. No perdía la ocasión para desacreditar ante Alekos la homosexualidad y me encontré ante una reacción airada y asqueada. ¿Por qué no la homosexualidad? Era la única sexualidad que la sociedad no puede aprovechar. No es reproductora. No es productiva. Es la única sexualidad radicalmente revolucionaria, me decía Alekos, excesivamente imparcial, neutral, para ser inocente. Y tras varias semanas de hacernos daño con las palabras, con las insinuaciones, por fin se lo dije, aunque nunca admití haber leído la carta, tal vez porque la había traducido en el retrete, retrete me parece una palabra castellana terrible. Ninguna otra palabra, en ningún otro idioma, tiene tanta carga de desprecio.

—Ya casi nadie en España le llama retrete al retrete. Ya casi nadie en España le llama a las cosas por su nombre. Casi todos dicen lavabo, que es una palabra tan pasteurizada como *toilette*. Las gentes de hoy en día quieren olvidar que cagan, que mean, que follan, que mueren.

—Desde aquella noche viví atormentada por mi sospecha y la ambigüedad de Alekos aún me desesperaba más. Con el tiempo he llegado a la conclusión de que él trataba de exasperarme para que me cansara y fuera yo quien rompiera nuestras relaciones.

—¿Fue así?

—No. No me sentía ni humillada ni ofendida. Sólo estaba enamorada y no quería perderle. Tanto se lo demostré que le hice la vida imposible y un día él se marchó. Primero se estableció en el estudio de un amigo, pero no tenía nada que ver con el destinatario de su carta. A Dimitrios quise matarle. Me metí un cuchillo en el bolso y fui a su encuentro. Le insulté como sólo insultan las putas borrachas y luego, como me temblaban las manos, se me cayó el cuchillo al suelo y me eché a llorar. Escenas de este tipo hice todas las que usted pueda imaginarse, como dormir una noche en el portal de la casa donde vivía Alekos esperando que él se apiadara de mí. Incluso intenté suicidarme...

—Y es cuando aparezco yo. Vuelvo a presentarme, señor Carvalho, porque tal vez me había olvidado. Georges Lebrun, jefe de ventas de la Radio Televisión Francesa, especialmente comisionado en esta futura Ciudad Olímpica para negociar la exclusiva de unos programas deportivos educativos a explotar con posterioridad a las Olimpiadas. Toda Olimpiada tiene su sombra y a la sombra de cada Olimpiada es cuando se pierde o se gana dinero. Mademoiselle Delmas era mi vecina y en la madrugada del catorce de marzo de mil novecientos ochenta y nueve fui requerido por la portera de la finca para que le ayudara a evitar que esta

26

señorita se muriese, aunque luego comprobamos que no había tomado suficientes pastillas como para matarse. Simplemente quería llamar la atención del griego y sólo consiguió despertar a su portera y a su vecino. Aunque despertarme a mí es fácil. Duermo poco. Como usted puede comprobar, mademoiselle Delmas salió con bien del asunto y desde aquel momento la cogí bajo mi protección, no exactamente por interés sexual, ni siquiera por un impulso humanitario; si me conociera bien sabría que yo no tengo intereses sexuales acuciantes y también carezco de impulsos humanitarios. En cambio tengo una gran curiosidad por el comportamiento animal de las personas, sobre todo por cuanto afecta al sentimiento. La razón está programada y enriquecida por la cultura. Pero el sentimiento no. Lo que distingue al hombre del animal es la sofisticación del sentimiento, cómo el sentimiento se convierte en cultura. ¿Cuánto tiempo iba a estar deprimida inútilmente mademoiselle Delmas? ¿Cuántas lágrimas era capaz de derramar sin contraer una hipertensión ocular? ¿Cuántas veces lloraría sobre mi hombro aun a sabiendas de que a mí la cercanía de las lágrimas me produce ganas de estornudar? Es una reacción refleja que padezco desde niño. He de confesarle que mademoiselle Delmas es muy pertinaz en sus deseos y en sus desgracias y se sintió muy desdichada por el abandono del griego a lo largo de todo lo que quedaba de mil novecientos ochenta y nueve. Con el nuevo año parecía algo más resignada, pero esta pasada primavera tuvo noticia de que su griego había venido a España, a Barcelona concretamente y desde entonces ha tenido la obsesión de seguirle los pasos, de encontrarle y proponerle volver a empezar. No olvidemos que es el hombre de su vida y que se vive solamente una vez.

—Y hay que aprender a querer y a vivir.

—¿Es un refrán o un verso?

—Un bolero. Una canción.

—Hay canciones muy profundas, en efecto. Mademoiselle Delmas ha estado esperando la ocasión propicia y por fin yo he podido ofrecérsela. Al ser comisionado por la ORTF para negociar con el Comité Organizador de las Olimpiadas un posible acuerdo de explotación comercial de programas, requerí la comisión de un grupo de expertos y entre ellos elegí a mademoiselle Delmas como directora de museos. Evidentemente mi elección sorprendió, porque ni por la categoría del museo que dirigía, ni por el lugar que ocupa en la jerarquía del funcionariado, le tocaba formar parte de la comisión. Pero entonces recurrí al viejo truco de dar a entender a mis superiores que mademoiselle Delmas y yo éramos amantes. Me bastó sonreír levemente al pronunciar su nombre. Un italiano hubiera guiñado el ojo.

—Un español también.

—Los franceses somos más refinados. Nos basta sonreír levemente cuando pronunciamos el nombre de una mujer. Luego apareció usted en una conversación con nuestro amigo *Le normalien*. Al parecer tuvieron un encuentro muy interesante al sur de Bangkok e incluso viajaron juntos hasta Malasia.

—Entonces *Le normalien* era taoísta.

—Primero había sido maoísta, luego taoísta y en la actualidad es partidario de sí mismo. Ha sido uno de los utópicos que más han tardado en rendirse: desde mayo del sesenta y ocho hasta junio de mil novecientos ochenta y cinco. Exactamente el doce de junio. Celebró una fiesta en un restaurante especializado en pescado del Mercado Central de París y nos comunicó que se pasaba al posibilismo. Y que el posibilismo bien entendido empieza por uno mismo. Venía a mis filas y le regalé el libro más sucio de todos los que conservaba. Una novela de Margueritte Duras que por entonces era indispensable leer. Mi amigo, mejor dicho, nuestro amigo, se había vuelto tan pulcro y convencional que no supo rechazar mi asqueroso regalo. Se limitó a dejarlo abandonado debajo de una servilleta. Margueritte Duras nunca lo supo y nunca lo sabrá. Prométamelo.

—Se lo prometo.

—Y tú también, Claire.

—Lo prometo.

A la mujer no le quedaba ni un resto de tragedia. Parecía incluso divertida y contemplaba a los dos hombres como dos compañeros de una travesura prometida.

—¿Por dónde empezamos?

—Buena pregunta, Carvalho. No disponemos de demasiado tiempo. El viaje no puede prolongarse más allá de quince días y ya es un exceso, aunque le seguirán otros en los que no tendré la posibilidad de meter a mademoiselle Delmas en mis maletas. El griego les pertenece totalmente. Es un personaje que no me interesa. Huelo a salvia y a cuplet de Mistinguette.

—¿Por dónde empiezo?

Se dirigió esta vez Carvalho a Claire y vio como ella metía las manos en su bolso y las sacaba alzando una fotografía como si alzara una hostia consagrada.

—Es él.

Tipos así los había visto Carvalho a cientos tratando de ligar con las turistas en el barrio del Plaka. Procedían sin duda de un laboratorio oficial de mecánica genética que el gobierno griego dedicaba a la producción de sementales, aunque Carvalho tuvo que reconocerle una interesante instalación en la madurez. Era un griego hermoso, prematuramente maduro y cada arruga traducía tal vez un fracaso, como los anillos de los árboles traducen todos los años de su vida y los bultos leñosos cada mutilación. Desde el primer momento que le vio en la foto, Carvalho le consideró un rival victorioso, uno de esos rivales que ni siquiera se toman la molestia de reconocerte como tal.

—¿Qué más? ¿Tienen algún otro indicio? Más o menos, ¿en qué círculos se mueve? ¿Han ido al consulado griego? ¿Se han comunicado con la embajada en Madrid?

—Todo eso está hecho e inútilmente. Nadie sabe cómo ha entrado en España, no hay registro de aduana, ni se ha puesto en contacto con ninguna autoridad griega o francesa. Sólo sabemos por mis suegros que está en Barcelona, de vez en cuando les escribe pero no pone remite. Sólo sabe posar y pintar. ¿No le parecen datos suficientes?

—No. Pero trataré de hacer algo. ¿Dónde puedo encontrarles?

—Nos hospedamos en el Palace. A mademoiselle Delmas puede localizarla en la habitación trescientos trece y a mí en la trescientos quince. El vino estaba muy bueno.

Dijo Lebrun después de beber el último sorbo que le quedaba en la copa y se levantó para que Claire le secundara, pero ella atacaba los últimos canapés de taramá y repetía que estaba delicioso. Comía tan bien como estaba. Movía los labios como si susurrara y las mejillas como si estuviera acariciándose por dentro. Carvalho tuvo sensación de ridículo y apartó los ojos de la mujer para sorprender la mirada que el francés le estaba dedicando. Amigo, estás cogido, le decían los ojos sin pestañas de Lebrun y Carvalho no supo aguantarle la mirada. Aún quedaba un canapé de taramá en el plato y ella preguntó:

—¿Puedo llevármelo?

—Biscuter, envuelve el canapé a la señorita con un papel de plata.

—Si quiere le hago más, jefe, para el camino.

—La señorita no se va de excursión. El canapé es un recuerdo de familia.

Claire se metió el paquetito en el bolso y derramó sobre Carvalho un baño de agradecimiento y dulzura. Quedó empapado de su mirada durante horas, aunque en el recuerdo consciente predominaran las palabras que le dijo desde la puerta.

—Encuéntrelo, vivo o muerto.

Era más difícil encontrar a un muerto que a un vivo, pensó Carvalho cuando apagó la luz, al recuperar una soledad que necesitaba. Aquellos dos parecían arrancados de las páginas de una novela que escribían a medias y nada habían aclarado sobre la relación que les unía. Amigos y residentes en París. Vecinos y residentes en París, y tal vez cómplices en la búsqueda de Alekos, el griego. Necesitaba adentrarse en territorios que no le eran habituales, pintores y traficantes olímpicos, traficantes de cultura olímpica, para llegar a un griego ambiguo, del que ni siquiera estaba claro si era homosexual o se limitaba a cansarse de las mujeres demasiado hermosas y posesivas y a enamorarse platónicamente de adolescentes griegos y desdeñosos. ¿A quién recurría para que le informara con aquel cuadro de la situación? Repasó la lista de pintores amigos a los que podía acudir y volvió a encontrarse a solas con el nombre y el recuerdo de Artimbau. Hizo lo propio con los compañeros de otro tiempo que ahora trabajaban en la preparación de las Olimpiadas y le salió un folio completo lleno de nombres. En esta ciudad quien no prepara las Olimpiadas las teme, no hay término medio. La Oficina Olímpica, Preolímpica, Transolímpica, Postolímpica empleaba a las gentes en otro tiempo menos olímpicas de este mundo, gente que había hecho un viaje parecido al del *normalien* hallado en la selva: del marxismo leninismo a la gestión democrática institucional y finalmente a preparar todos los Olimpos que la democracia española tendría en 1992: el Quinto Centenario del Descubrimiento de América, la Feria Internacional de Sevilla, las Olimpiadas, Madrid capital cultural de Europa. Quien no ha perdido siquiera media hora de su vida preparando la revolución, jamás sabrá qué se siente cuando años después te descubres a ti mismo prefabricando olimpos y podiums triunfales para los atletas del deporte, del comercio y de la industria. De Sierra Maestra o Olimpia. De la *larga marcha* a los cincuenta kilómetros marcha. De atravesar fronteras clandestinamente a negociar con los representantes de todos los fabricantes de cacao en polvo del mundo, ávidos de conseguir la concesión olímpica. De la colección completa de arrepentidos de Sierra Maestra y de las largas marchas, escogió otra vez al «coronel Parra», en otro tiempo autor de un manual del torturado elaborado a partir de su propia experiencia y ahora reciclado al cargo de selector de sponsors olímpicos. Artimbau se había telefonizado definitivamente y tenía contestador automático. En él dejó grabado Carvalho un mensaje que le pareció suficiente.

—Busco a un pintor griego llamado Alekos Faranduri, probablemente sin permiso de residencia y quizá maricón. Pero no se le nota en el aspecto. Vivo o muerto. Llámame.

En cambio para llegar al coronel Parra tuvo que superar los cinco mil metros con obstáculos burocráticos, cinco mil secretarias que tenían la misma voz y los mismos recursos dilatorios.

—Dígale que le llama Gorbachov para proponerle la concesión de Vodka sin alcohol.

—¿De qué empresa dice usted que le llama?

—Del Pacto de Varsovia.

—¿Es un conjunto musical?

—Todavía no.

El coronel Parra se había perdido en la ladera oeste del Olimpo, pero le atendería mañana, con mucho gusto a las diez en punto. Carvalho reclamó a Biscuter para despedirse y propiciarle su impresión de lo ocurrido. Últimamente Biscuter estaba en crisis porque en su opinión, Carvalho no le tenía suficientemente en cuenta. También Charo estaba en crisis. Y Bromuro estaba muerto. Y quizá era él, Carvalho, quien propiciaba tanta crisis por el procedimiento de sentirse cada vez más cansado de sus propios rituales y más desengañado de todo ritual ajeno. Dios ha muerto, el

Hombre ha muerto, Ava Gardner ha muerto, Marx ha muerto, Bromuro ha muerto y yo mismo no me siento muy bien, se dijo. Biscuter le felicitó porque su fama había traspasado las fronteras y volvió a su ensimismado mutismo.

—¿Eso es todo?

—Sin ánimo de ofenderle, jefe, porque reconozco que lo ha hecho con buena intención, no me gusta que me ponga en evidencia porque escuche detrás de las cortinas.

—Pero si ha sido él quien te ha descubierto.

—Pero ha hecho como si no me viera y en cambio usted me ha puesto en evidencia.

—Has sido la reina de la fiesta, Biscuter. Tu oferta de vinos les ha deslumbrado y ya has visto el éxito que ha tenido tu taramá. ¿Qué te ha parecido la mujer?

—Me he fijado más en el hombre, y ¡no me interprete mal! Le he visto en una película y no sé en cuál, no consigo recordarlo. Tiene aspecto de espía alemán.

—Los espías alemanes vuelven a espiar la línea Maginot. Ya me dirás tú qué han de espiar por aquí.

O sea que a Biscuter ella no le había impresionado. Carvalho no supo qué instrucciones dejar para el caso de que llamara Charo, quizá porque no deseaba que llamara y recuperó el coche para volver a su casa en Vallvidrera, con la cabeza llena de fragmentos de la larga conversación y en los ojos el rostro de Claire, sus ojos geológicos, aquella boca que tan bien comía, la dulzura estática, tal vez una pasividad profunda de mujer pozo abierto a las caídas más totales.

—Vivo o muerto.

Entró en su casa con el programa ya hecho. Recuperar unas macilentas berenjenas, hacerse una musaka y buscar en la librería *Alexis el Griego* y *Los cuatro jinetes del Apocalipsis* para quemarlos. Capas de berenjenas algo fritas, capas de carne picada sazonada, capas de sofrito de cebolla, tomate, quizá ajo, salvia, todo cubierto con bechamel, queso y gratinado. Una musaka de lujo que poco se parece a los adoquines cúbicos que suelen servirte en las tabernas y chiringuitos populares de Grecia. No disponía de vino griego, pero sí de un Corvo de Salaparuta siciliano que se le acercaba tanto como los vinos murcianos, alicantinos y argelinos. Y ya en busca de su tibieza la musaka, localizó los libros y persiguió entre sus páginas razones suficientes para quemarlos. Allí estaba el tango anunciando el agarrado de la guerra del 14 en *Los cuatro jinetes del Apocalipsis*, de Blasco Ibáñez, París seducido por la gesticulación de la maté porque era mía o lo maté porque era mío: «Un nuevo placer había venido del otro lado de los mares, para felicidad de los humanos. Las gentes se interrogaban en los salones con el tono misterioso de los iniciados que buscan reconocerse: "¿Sabe usted tanguear?..." el tango se había apoderado del mundo. Era el himno heroico de una humanidad que concentraba de pronto sus aspiraciones en el armónico contoneo de las caderas...» Y allí estaba la filosofía de Alexis el Griego, como una elegía vitalista de macho poderoso y tierno en homenaje a madame Bubulina, la vieja francesa en cuyo homenaje, Alexis construye en una hoja de árbol la metáfora de la vida: un gusano dedica todo su esfuerzo a recorrer el haz de la hoja para adivinar qué misterio reserva el envés y cuando con toda clase de dificultades consigue llegar al canto, enderezarse, asomarse a la otra cara, descubre otra superficie exactamente igual que le va a conducir al principio y al fin de su propio fracaso. Es imposible salirse de la vida y también es imposible conservarla. Acaso, y con la diferencia de la edad y la belleza ¿no era Claire una madame Bubulina, una occidental cargada de complejo de culpa, fascinada ante el mito de la destrucción bárbara? Ardían los libros y empezaba a crepitar la leña, cuando sonó el teléfono y al otro lado estaba Artimbau con más ganas de conversar que de informarle.

—Perdona que te parezca algo grosero, pero ¿qué sabes de mi griego?

—Tú te crees que se puede encontrar un griego en cada esquina. Preguntaré a los pintores más jóvenes. Los de mi edad ya sólo beben agua mineral y están en la cola de los que esperan la concesión de murales olímpicos.

—¿Tú también, Francesc?

—Yo también, Carvalho.

Y cuando ya había conseguido casi dormirse, con la boca llena de gusto a salvia y de dos copas de Ouzos que conservaba de un viaje al Monte Athos en compañía de Artimbau, llegó la última llamada de la noche:

—¿Duerme, jefe?

—Ya no.

—Es que he conseguido recordar el personaje. El francés que nos ha visitado es clavadito al dueño de la casa de juego de la película *Gilda*. ¿Lo recuerda?

—¿Te refieres a Rita Hayworth?

—No. Rita es la chica.

—¿Seguro, Biscuter?

—Seguro.

—Si tú lo dices.

Demasiado chalet para tan poco servicio. La mujer que le abrió la puerta de la calle no iba disfrazada de criada, ni de jardinero, ni de señora para todo y en cambio por las maneras con que le hizo atravesar el jardín y limpiarse las suelas de los zapatos en el felpudo parecía como si incluso hubiera parido el chalet y a la mismísima familia Brando. Cabizbaja, concentrada, mirando a derecha e izquierda por si algo hubiera alterado el equilibrio universal en la pequeña porción de universo que le correspondía y desinteresada del intruso que pasaría por aquella mañana, por aquel jardín, por la vida de los Brando sin merecer siquiera recordar su nombre.

—¿Ha dicho usted que se llama?

—Carvalho, Pepe Carvalho.

Caminó de puntillas sobre el suelo que tanto le había costado limpiar y dejó a Carvalho haciendo cálculos sobre los signos externos del señor Brando. Una mezcla de tradición y premios FAD de diseño, muebles del abuelito o del abuelito de otros y muestras de que Barcelona es una de las cinco mil capitales del diseño mundial. Pero tal vez faltaba armonía, sobraba coleccionismo y voluntad de exhibir un gusto a prueba del paso del tiempo. La asistenta había desaparecido tras una puerta y reapareció en el umbral, como las enfermeras en los consultorios de postín.

—¿Hace usted el favor de pasar?

Le cedió el paso y cerró la puerta a su espalda con tanto cuidado, que Carvalho paró más atención en la calidad de la madera, que temió quebradiza, que en el hombre que le esperaba al fondo de un despacho demasiado grande para ser doméstico, como si estuviera copiado de los despachos de todos los pseudointelectuales preocupados porque sean la medida de su talento no reconocido. Por su larga experiencia de mirón de despachos y retretes, Carvalho sabía que los pseudointelectuales cuidan tanto los unos como los otros e incluso a veces consiguen extrañas síntesis que jamás han sido reflejadas en las revistas de decoración.

—Soy un fracasado y mi mujer me abandonó por primera vez a los quince días de la boda. Pero ante todo salga usted al pasillo y abra bruscamente la segunda puerta a la izquierda. No se equivoque, la segunda puerta a la izquierda y bruscamente. Si no es mucho pedirle, camine de puntillas hasta llegar a la puerta y luego ¡zas! bruscamente... no lo olvide.

Podría ser un fracasado pero la mesa de despacho era cara, la librería de una madera de bosque de lujo y la lámpara de un metal cargado de quilates. Es decir, tenía el aspecto de cliente solvente capaz de pagarse el gusto de que Carvalho hiciera el imbécil caminando de puntillas por un pasillo y abriera una puerta con decisión. Cumplió las órdenes puntualmente hasta llegar ante la puerta, pero allí se detuvo y aplicó la oreja contra una madera que olía a barniz de postín. O era una grabación de alta fidelidad o alguien estaba follando allí dentro con una perfección de gimnasia sueca y jadeo de gentes licenciadas en aficiones secretas. No era cuestión de echarse atrás. Venció la resistencia falsa del pomo dorado de la puerta y empujó con el hombro. La chica estaba empalada por el sexo del viejo que tenía debajo. Era rubia, tenía las tetas en forma de pera y rapidez de reflejos porque vuelta la cara hacia la puerta, suspendió el jadeo para gritar:

—¡Papá! ¡Eres un hijo de puta!

En cuanto al viejo frunció el ceño, quién sabe si para distinguir la cara del intruso o porque se le había adelantado el orgasmo. Carvalho pensó en disculparse, pero se limitó a cerrar la puerta con suavidad y a volver al despacho del llamado Brando, que le esperaba seguro del buen resultado de su iniciativa.

—¿Qué ha visto usted?

—Una jovencita...

—Diecisiete años... Mi hija.

—...haciendo el amor...

—Follando.

—Con un señor enfadado.

—Un hombre que podía ser su padre.

Ya estaba satisfecho Brando, ni alto ni bajo, ni gordo ni flaco, extrovertido y presumiendo de llamar al pan pan y al vino vino, como los aragoneses y los navarros. Era navarro, informó, pero su apellido tal vez fuera de origen centroeuropeo.

—Brando. ¿Le suena no? Muy gracioso lo de Marlon Brando.

Fue un fugaz momento de autocomplacencia para volver a la melancolía.

—Soy un fracasado. Mi mujer me abandonó por primera vez a los quince días de casados, luego volvió, tuvimos un hijo, que acaba de quitarme el negocio, y ya de propina esta chica. Cuando la niña cumplió diez años mi mujer me dejó definitivamente para irse con un gimnasta, quedó clasificado el veintiséis en un campeonato del mundo. Lo de los aros era lo suyo. Luego se cayó en mala postura, se quedó paralítico y mi mujer lleva el gimnasio. No me lo explico. Mientras convivimos su único deporte era cortarse las uñas y ponerse maquillaje. ¿Le gustan a usted las mujeres muy maquilladas?

Carvalho se encogió de hombros.

—Usted es más o menos de mi edad. ¿Verdad que para la cara de una mujer no hay nada como el agua y el jabón?

Era una reiteración pero volvió a encogerse de hombros. Ahora Brando se contaba algo a sí mismo. Los labios se movían pero no era audible lo que decían. Hay días en que la paciencia se convierte en una virtud laboral, así que Carvalho se dejó atrapar por las últimas blanduras del sillón más acolchonado que tapizado y se predispuso a que Brando volviera de su viaje mental.

—Cada mañana la chica viene al *office* a desayunar en compañía de su última conquista. Busca precisamente el momento en que yo estoy allí, me la presenta, nos obliga a hablar y nos trata a los dos como si fuéramos los hombres de su vida. Yo le había hecho el número de padre moderno, capaz de entenderlo todo y tuve que apechugar con los dos o tres jovencitos del último semestre de hace dos años. Ella tenía quince años. Cuando empezó el primer semestre del año siguiente me vino con uno de esos que hacen tertulias radiofónicas y en una hora ponen en orden la galaxia. Era un tío bajito, con barba canosa y hablaba con acento catalán. La eché de casa. Volvió meses después, preñada, no del contertulio, ni siquiera sabía de quién. La mandé a Londres con una prima mía. Ya sabe usted de qué va y desde que volvió me hago el ciego, pero la hebra durante los desayunos. Pero ahora la cosa es diferente.

—¿Se refiere al viejo que está con ella en la cama?

—No. Eso es lo de menos. Es una gran persona y sabe escuchar. La trata como un padre. No, no es el caso, ojalá le dure... Pero me temo que lo está instrumentalizando contra mí. Siempre que puede hace comparaciones odiosas. Alfredo tiene tu misma edad, papá y cosas así que me mortifican. Él no. Él es un caballero.

—¿Entonces?

Había llegado la hora de la verdad. Brando se puso triste, muy triste.

—La otra noche la detuvieron durante una redada. La policía iba buscando extranjeros, de esos ilegales, indocumentados, y ella aparece entre ellos. La fui a sacar y no quiso explicarme qué hacía allí. La policía me dijo que la habían visto alguna vez merodeando por la zona y la tenían clasificada como chica bien que busca camello... ¿Comprende? Pero a mí me consta que no se pincha, ni esnifa. Que no se pincha es obvio, porque a veces cuando está en la cama dormida, en pelota, entro para taparla y me fijo en las zonas de pinchazo. Y que no esnifa es tan cierto como que yo me llamo Brando. Sólo un esnifador es capaz de distinguir a uno que esnifa o que no esnifa. Yo tomo coca desde los treinta años, con cabeza, eso sí. Y yo puedo asegurarle que no esnifa. Me preocupa ese merodeo por esos barrios. ¿Qué busca? Traté de sonsacarle a Alfredo, el viejo ese que está en la cama con ella, pero se me quejó muy dolido, muy dolido. La niña casi ni le habla. Se lo folla, me lo trae a desayunar y luego si te he visto no me acuerdo hasta que le llama por teléfono. ¿Por dónde empezaría usted?

Carvalho empezó por fijar las condiciones económicas. Brando sumó, restó, multiplicó con una calculadora de muñeca y se quedó estudiando a Carvalho. Era evidente que Carvalho no estaba a la altura de su precio, pero Brando cabeceó decidido.

—Adelante. Lo primero es lo primero.

Buscar a un griego, a dos griegos y proteger de sí misma a una chica descarada, podían convertirse en partidas simultáneas excesivas, pero los franceses pasarían y Carvalho dependía de la clientela local, por lo que decidió dejar en la trastienda el caso de niña descarriada y liquidar cuanto antes aquel encargo cosmopolita que tan altos había colocado los tacones postizos de Biscuter. Se fue pues a por el coronel Parra, supremo hacedor en uno de los cientos de locales al servicio de los cientos de organismos dedicados a una perfecta organización olímpica. El «coronel Parra» hacía veinte años que llevaba corbata. Había que concederle el mérito de ser el primer revolucionario en asumirla cuando consiguió un cargo en la Sección de Estudios de uno de los más importantes bancos del país. Pero ahora llevaba una corbata sin paliativos, una de esas corbatas que implican cultura, de marca, de marca de corbatas, de esas corbatas que sólo reconocen los expertos en corbatas y entonces se toca la corbata como si fuera un sexo, miembro de la masonería de las corbatas de seda natural. Y todo lo demás era accesorio. Estaba más viejo, pero su envejecimiento quedaba relativizado por la modernidad de la corbata. Tenía ganas de sacarse a Carvalho de encima y había en ese deseo una legitimidad racial de propietario de corbata Gucci frente a un Carvalho que se había puesto la única que tenía, una estrecha minucia corbatera en la peor seda thailandesa, más un souvenir de viaje que una corbata propiamente dicha.

—¿Georges Lebrun? Permíteme que busque en mi pajar por si encuentro esa aguja. ¿Sabes qué me pides? ¿Sabes cuántos extranjeros están en estos momentos en la ciudad tratando de sacar tajada de las Olimpiadas? Una Olimpiada conlleva desde un alfiler a un elefante. Tengo una colección completa de vendedores de alfileres y otra de vendedores de elefantes.

—Éste vende cultura.

—Busquemos el apartado de Cultura. Francia. ORTF. ¿Sabes cuántas ofertas tenemos de la ORTF?

—Conoces mis limitaciones.

—Georges Lebrun. Producción de series educativas olímpicas. Deja que mi secretaria lo meta en el ordenador.

—Primero mete en el ordenador cuál de tus cinco mil secretarias ha de meterlo en el ordenador.

—Pepe, no creces. Recuerda aquel aforismo de Herbert Spencer: o crece o muere.

—En mis tiempos Spencer pasaba por prefascista.

—Ahora se le considera como parte del plural patrimonio socialdemócrata-liberal. Volveremos a vivir bajo esta presión filosófica durante un siglo. No te resistas. Déjate dar por culo y goza. O creces o mueres. Ya ha caído el muro de Berlín.

—Te veo muy bien, coronel.

—No vuelvas con tus bromas. Hace tiempo que dejé aquel ejército.

Cursó instrucciones por un dictáfono que parecía llevar corbata. Todo en aquel despacho llevaba corbata.

—El desafío de la Olimpiada puede ser terrible. Mil novecientos noventa y dos será un año decisivo. Todos los ojos del mundo estarán pendientes de España.

—No nos había vuelto a suceder desde la guerra civil. Me parece que fue entonces cuando merecimos por última vez la portada del *New York Times*.

—La nostalgia es un error, Pepe.

—¿Y la ironía?

—Un ruido.

Desde una impresora situada a espaldas del coronel Parra el hombre invisible, o quizá una mujer invisible, empezó a emitir una lengua de papel, para detenerse de pronto, en medio de un silencio telúrico. El ex coronel Parra tendió el brazo sin volver la cabeza y arrancó el pedazo de papel con la precisión de un experto. Leyó lo que en él había impreso, luego estudió a Carvalho mientras retenía la información.

—¿Para qué lo quieres? De esta oficina no puede salir información así como así. Aquí nos jugamos cientos de millones de pesetas cada día.

—Es sobre un cliente. El asunto no tiene nada que ver con tu negocio multinacional olímpico. Se trata de un griego, de un pobre griego que huye de una mujer. Ni siquiera es un griego olímpico.

—¿Me lo juras?

Asintió con los ojos y tuvo a su disposición la ficha de Lebrun: «Georges Lebrun, treinta y nueve años, nacido en París. Funcionario de la ORTF con categoría de director general adjunto. Asunto: Olimpia 2000. Vídeos educativos sobre el espíritu olímpico a partir de la filmación de las Olimpiadas de Barcelona. Compromisos precontractuales con cuarenta países. Informe económico confidencial AYF 36. Valoración Positiva C. Prolongación mit 62.»

—Aquí no pone que ensucia libros con mocos y zumos de frutas. Tu ordenador es una mierda. ¿Qué más?

—Nada más.

—¿Tienes una impresión personal de monsieur Lebrun?

—¿Para qué? De nada me sirven las impresiones personales. Realizo cincuenta contactos al día. ¿Quién retiene cincuenta impresiones personales? Es un funcionario, me parece que muy capaz y habla un lenguaje de datos que procesamos en los ordenadores. Tal vez cene con él un día de éstos si el ordenador sintetiza una información positiva y mis jefes políticos dan el visto bueno a esa información.

—¿Quiénes son tus jefes políticos?

—Nani Gros, la Tere Surroca y Pascual Verdaguer en última instancia. Es decir, *Chu en Lai, la Idanova* y *el Melancólico*, para recordar sus nombres de guerra.

—¿De qué guerra? Te invito a cenar un día de éstos. Si quieres, en mi casa.

—Sólo como ensaladas italianas y pescados azules a la parrilla.

—¿Por qué azules?

—Han descubierto que van bien para el colesterol. Aún no tengo colesterol, pero más vale prevenir que curar. ¿Todo va bien?

—Va bien. Te llamaré.

—Ya lo hará mi secretaria. Viajo mucho. Me voy a Seúl dentro de unos días a comprobar los efectos de la Olimpiada.

—Algún día vendrán a vernos a nosotros para comprobar los efectos de las Olimpiadas.

—Mañana será otro día.

Carvalho salió del despacho con un paso que quería ser deportivo, para ponerse a la altura de los allí reunidos, aunque apareció tanta abundancia de corbatas como escasez de músculos. Había quedado citado con Artimbau en el Pa y Trago dispuesto a un desayuno sólido y solidario con alguien sin miedo a morir antes de los ochenta años, pero encontró al pintor tan delgado y contenido dentro de su vestuario que no necesitaron intercambiar ni una palabra para comprender que también se había pasado al bando de la represión gastronómica, al bando de los muertos vivientes, de los teólogos de la alimentación. El pintor pidió una miserable ración de queso fresco y un café sin azúcar, tratando de no fijar los ojos en la capipota con sanfaina que habían servido a Carvalho. Resumió la situación sin entrar en detalles sobre sus clientes, pero sí le mencionó el encuentro con Pedro Parra.

—A ése no le conocí. Yo era de la célula de plásticos.

—Suena horrible.

—Pero es cierto lo que dices. En esta ciudad no se mueve un dedo si no es en función de las

Olimpiadas. Los hay que vienen a comprar el escenario, los hay que vienen a verlo y todos los demás tratamos de venderlo. No hay artista en esta ciudad que no esté a la espera de lo que pueda caerle de la Olimpiada. La parte del botín se la llevan los arquitectos, pero también se necesitarán esculturas y pinturas murales.

—Mi griego no creo que forme parte de los elegidos. Ha venido huyendo de algo o anticipándose a algo.

—Si posa, lo más normal es que lo haga en las escuelas de Bellas Artes, tanto en la oficial como en las menos oficiales o en Eina, la que está camino de tu casa. Pero por lo que me cuentas, lo más probable es que lo encuentres haciendo retratos de turistas en los alrededores de la catedral o de la Sagrada Familia. Hace un mes o mes y medio te hubiera resultado más fácil encontrarlo. Ahora la gente no callejea tanto, están todas las calles en obras. Buscarlo por la nacionalidad es como jugar a la ruleta rusa. Tendrías que asomarte a todos los rincones donde sobrevive un pintor y preguntar: ¿aquí sobrevive un griego? La gente habla de que nunca se ha ganado tanto dinero con la pintura, pero tampoco nunca ha habido tantos pintores sin nada que llevarse a la paleta. A mí me costó veinte años de tener una cierta seguridad económica. Hoy un pintor que a los veinticinco años no ha triunfado se considera un fracasado.

—¿Y qué hace después de considerarse un fracasado?

—Probablemente seguir considerándose un fracasado. Pepe, yo no me entiendo con esos pintores jóvenes y empiezo a preocuparme. Toda mi vida he luchado por defender que todo tipo de pintura esté permitida, en unos tiempos en que había una feroz dictadura de la pintura abstracta y si le caías mal a dos o tres críticos no te comías un rosco. Pero es que ahora cualquier chalado pinta con la picha un *Homenaje al SIDA* y al día siguiente tiene el cuadro colgado en un museo.

—Cuando se empiezan a comparar los tiempos pasados con los presentes es señal de que el comparador se hace viejo. Es inevitable pero hay que hacerlo en silencio y nunca confesarlo. Yo siempre he sido un detective atípico, pero si yo te contara cómo tienen montado el negocio las grandes empresas de investigación, me darías mil pesetas y el consejo de que me dedicara al canto coral.

—Los pocos artesanos que quedamos debemos ayudarnos. ¿Está buena esa capipota?

—¿Por qué no pides una ración para ti?

Cerró los ojos y sólo los abrió para encargar un plato de bacalao con judías y un porrón de vino tinto.

—Hoy no almorzaré.

Llenar su estómago de los frutos de la tierra y el mar y cambiar de talante dio la razón a los que sostienen que no hay efecto sin causa.

—Vete a ver a mi amigo, el pintor Dotras. Es el más colgado de mi promoción y va disfrazado de joven. Si tu griego existe, Dotras lo conoce y si es maricón mucho más. No es que Dotras sea maricón, pero a su mujer le encantan y le gusta seducir homosexuales por la vía materna. Cuando se pasa de los cincuenta años ya no queda otra vía.

—¿Y Dotras contempla?

—Dotras descansa. Si la conocieras lo comprenderías.

El pintor recomendado por Artimbau vivía en un callejón semioculto en los traseros de la plaza de Medinaceli, a medio camino entre la Barcelona redescubridora del mar en el Moll de la Fusta y la Barcelona del pinchazo, del tirón y la droga de la calle Escudillers y los alrededores de la plaza Real. Casas y casonas arruinadas para pobres y ricos del siglo XVII y XVIII, con las que no se había atrevido siquiera la piqueta especuladora y así sobrevivían hasta patios con vegetaciones salvajes, asomadas a las tapias como una protesta de la naturaleza contra la ciudad lóbrega. Comercios de galletas baratas y embutidos vendidos de cien gramos en cien gramos, a viejos e inmigrantes fugitivos de libros de Geografía o de las fichas policiales de la sección más barata de la Interpol. Tal vez por su carácter de suelo urbano no vendible, en aquellos caserones se conservaban espacios grandes y nobles para artistas en ejercicio y artistas bajo palabra de honor. Dotras había sido uno de los pintores más prometedores de los años sesenta y seguía siéndolo, a costa de una clientela incondicional en la que abundaban gays ricos que su mujer cuidaba y regaba como si fueran macetas de rositas de pitiminí. Parte de su producción la había dedicado por lo tanto al retrato de madres de gays y de atletas vencidos por esfuerzos jamás explicados en el cuadro. Pero lo suyo era la pateografía, técnica automatista consistente en llenar de pastas de colores una tabla, luego colocarla sobre cartulinas inmensas como un suelo y patearla según un ritmo intrasferible de bailarín flamenco entre la improvisación y la epilepsia. Nunca había querido vender ninguna pateografía y las almacenaba en un caserón cerrado con las

llaves más grandes de la ciudad, para que algún
día las heredaran los ocho hijos que había tenido
con tres mujeres diferentes, cinco de ellos inte-
grantes del conjunto de rock Los Musclaires y los
tres restantes bien colocados en la Caixa de Cata-
lunya. Uno incluso como apoderado. No es que
Carvalho le conociera por algo más que por las
referencias dadas por Artimbau, pero era requisi-
to indispensable nada más traspasar el dintel del
estudio vivienda del pintor Dotras que él te ten-
diera el currículum que le había escrito uno de los
cinco mil mejores poetas de Andalucía, a cambio
de la única pateografía que había regalado en su
vida.

—Conviene saber con quién se habla.

Le dijo aquel hombre vestido con un chaleco
confeccionado con cretona de cortinas sin duda
robadas de algún museo antropológico y él mismo
parecía escapado del mismo museo en un momento de descuido de los antropólogos. Llevaba la
poderosa cabeza gris desordenada, sobre una cara
oscura de nacimiento y con el concurso del sol que
cada mañana salía a tomar al puerto, porque el
sol es el dios de la vida y si yo hubiera sido
egipcio, hubiera sido uno de los partidarios del
culto al sol. Lo mío es la mitología. La mujer
llevaba la cabellera canosa suelta hasta la cintura
por detrás y las dos enormes tetas igualmente
sueltas hasta la cintura por delante. Vestía una
túnica negra ceñida por un cordón dorado y calza-
ba sandalias policrómicas. Apenas si saludó al
recién llegado, pendiente de un teléfono que era el
único elemento de aquel gran estudio ajeno a lo
que fuera pictórico. Telas y pinturas hechas o a
medio hacer, caballetes y paletas y salpicaduras

de pinturas recién esparcidas por los cielos y la tierra, como restos de un festín de colores y una escalerilla que conducía al altillo donde Dotras había hecho sus últimos cinco hijos con aquella walkiria a media asta.

—Ésta es la patria de la ciudad libre. Y lo era mucho más hace quince años, cuando todos éramos ingenuos y creíamos en la resurrección de los justos. En esta ciudad quedan ya pocas islas. Ésta es la isla de Dotras en la que todos pueden perderse, pero también en la que todo puede encontrarse. ¿Qué buscas?

—Un griego.

—Remei, ¿tenemos un griego?

—Dos.

Contestó Remei sin quitarse el teléfono de la oreja.

—Ya lo oye. Si Remei lo dice es que es cierto. Aquí hemos tenido hasta príncipes iraníes y amantes de la emperatriz madre del Irán, una señora muy folladora.

—¿Farah Diba?

—No. La madre del sha. Se tiraba hasta a los enanos. ¿Es usted extranjero? ¿Zamorano quizá?

—No. ¿Por qué?

—Últimamente todo el mundo me parece de Zamora. ¿Sabe usted dónde está Zamora?

—No. Pero tienen un vino excelente. En Toro.

—Nadie lo sabe. Es como el triángulo de las Bermudas español. ¿Es usted marchante?

—No. Me envía Artimbau. Busco un griego.

—Ya recuerdo. Tenemos dos. ¿Cómo le interesa el griego?

—Tiene el cuerpo de Antinoo y la cabeza de un pirata turco.

—Entonces es un mestizo. Remei, ¿cuál de los dos griegos tiene un cuerpo de Antinoo y la cabeza de un pirata turco?

—Todos los griegos son iguales.

Contestó Remei sin dejar el teléfono y fue entonces cuando Carvalho se levantó, se acercó a la mujer, le quitó el teléfono de las manos y lo colgó en la horquilla dejando su cara a un palmo del rostro de la walkiria.

—Necesito hablar con usted.

—¿Nos conocemos?

—Me han dicho que cada primavera, cuando ya es primavera en El Corte Inglés, usted saca de compras a los maricones de la ciudad.

—Tengo una gran vocación de madre. Si Dotras no se hubiera quedado estéril, tendríamos doce hijos.

—Son las pinturas. Tienen una química que perjudica el pito.

Dijo Dotras y se llevó una mano al sexo.

—Los maricas, como usted les llama, nunca crecen del todo y usted ha crecido demasiado.

—No todos piensan lo mismo. Busco a un griego con cuerpo de Antinoo y cabeza de pirata turco.

—Todos los griegos tienen cuerpo de Antinoo y con los años se les pone cara de pirata turco. ¿Qué más?

—Se llama Alekos. Es pintor, modelo. Tal vez sea homosexual, pero no se sabe a ciencia cierta.

—Alekos.

Musitó Remei como si quisiera guardarse el nombre en un secreter de su memoria.

—Me gustaba mucho un cantante griego que se llamaba Alekos Pandas. Cantaba en el festival del

Mediterráneo. A comienzos de los años sesenta, cuando yo era joven. ¿Dónde estaba usted en el verano de mil novecientos sesenta y dos?

—En la cárcel.

—¿Por chorizo?

—Comunista. Pero luego maté a Kennedy y con los años senté la cabeza.

—Usted nos falta en nuestra fiesta.

Gritó Dotras que lo había escuchado todo sentado en las alturas de un andamio desde el que pintaba el norte de una inmensa tela.

—Venga esta noche. A veces vienen griegos y a veces vienen mohicanos. Siempre son los últimos griegos y los últimos mohicanos. Se bebe *garrafones* de vino de Alella y se fuma kifi inocente, kifi de recluta de los años cuarenta. Eso es todo. En esta casa no se pincha nadie y no hay prejuicios raciales contra los griegos, ni contra los turcos. Esta noche cantarán mis hijos, Los Musclaires, y mis otros hijos, los normales, traerán a las señoras y a los niños y *panellets* y moscatel, porque se acerca Todos los Santos y el Día de Difuntos. ¿Tiene usted el SIDA?

—No creo.

—En esta casa no entra nadie que tenga el SIDA.

—Nadie.

Reforzó Remei al tiempo que recuperaba el teléfono y su propio tiempo y espacio.

—¿He de traer algo para la fiesta?

—Amigos, a usted mismo, dos mil pesetas por cabeza y alguna botella de algo que pueda sorprendernos.

—¿Qué le parece un whisky Knockando veinte años?

—Amigo, si usted trae eso le daremos un tratamiento de zar.

Carvalho salió del laberinto de callejas y tras recorrer cuatro cabinas telefónicas inutilizadas, consiguió dejar un recado en el Palace. Citaba a Claire y Georges a las diez en Casa Leopoldo, con la previsión de un largo fin de fiesta en el estudio de un pintor coleccionista de griegos.

—Insista en lo de coleccionista de griegos.

Advirtió al recepcionista que le tomaba el aviso y se predispuso a matar lo que le quedaba del día lejos de cualquier posibilidad de enturbiarle la esperada emoción del encuentro con mademoiselle Delmas. Pasó por el despacho por si algo o alguien había quedado atrapado en la tela de araña telefónica de Biscuter.

—Mister Brando ha llamado varias veces preguntando por usted.

—¿Por qué le llamas mister?

—Con un apellido como ése ¿cómo le voy a llamar?

—*Mister Brando*. Dudó entre darse por llamado o ignorar al padre perseguidor, pero poco podía aportarle como balance de lo que no había hecho. Le molestaba cuanto pudiera interferirse en su relación con Claire, con los griegos, pero tenía horas muertas por delante y se fue a por el primer contacto lógico en el rastreo de las alevosías y nocturnidades de la joven folladora de hombres perdidos sin collar. De tal palo tal astilla, quizá la madre fuera la portadora de los cromosomas de la amoralidad, en la duda de que el padre hubiera aportado algo a la criatura. El gimnasio estaba rodeado de Opels Kadett y de Volvos blancos. Sin embargo no había nadie de la recepción y

Carvalho pudo llegar hasta un inmenso cristal que ocupaba media pared, ventanal a un salón donde una veintena de mujeres en maillots de diferentes colores trataban de obedecer las órdenes de la monitora. A pesar de que había cuerpos notables y otros de una mediocridad deprimente teniendo en cuenta la marca de los coches de sus propietarias, era inevitable que la vista del mirón se pegara a la monitora, un cuerpecillo cincuentón y fuerte, rematado en una melena teñida de platino y lacia, como un penacho sobre una cara de arpía. De sus labios salían ferocidades, diminutas y grandes.

—Tú, Merche, ese culo, que es más que un culo... ¿Pero a ti qué te pasa, Pochola, eso es un brazo o un muñón?... A ver, esa cara al aire y respirar como si el aire fuera gratis, coño...

Ni la menor rebeldía entre las súbditas.

—Lula, que esto es una clase de gimnasia, no de meneo...

Sufrían tanto muscularmente que las palabras les parecían una compañía grata. La monitora se limitaba a marcar el primer ejercicio y luego paseaba entre sus víctimas dándoles golpes con una varita en las zonas del cuerpo en peor estado o en deserción con el ejercicio predeterminado. En uno de sus recorridos la monitora vio a Carvalho tras el cristal y le gritó:

—¡Proveedores los miércoles y pagos los veinte de cada mes!

Y dio la vuelta segura del resultado de su consigna, pero cuando en un segundo viaje descubrió a Carvalho en el mismo sitio tiró la vara al suelo con indignación y se fue a por él, momento aprovechado por las sufrientes para romper filas, descomponer el gesto y algunas hasta venirse al suelo en busca de sus frescuras y de la patria propicia de tan dura cama. En éstas ya tenía encima Carvalho a la monitora y optó por salir a su encuentro para frenarla. Poco acostumbrada a no transmitir terror, la mujer quedó algo desconcertada cuando Carvalho se inclinó reverente sobre su mano más cubierta de anillos e insinuó un besamanos que no llegó a producirse, porque no estaba entre los planes de Carvalho y porque ella retiró el apéndice amenazado como quien huye de una salpicadura de aceite caliente.

—¿Pero es que no se me oye?

—¿La señora Brando?

—La señora ¿qué?

No eran las palabras en sí sino el tono lo que instó a Carvalho a proponerle pasar a un lugar más íntimo, propuesta a punto de ser desatendida entre vociferaciones hasta que la mujer vio que sus clientes, de súbito recuperadas de su cansancio, se agolpaban contra el cristal disputándose la platea de la tragedia. Bastó una mirada llena de megatones para que las gimnastas volvieran a su posición de partida y luego un gruñido le sonó a Carvalho como invitación para seguirla. El despacho al que desembocaron no tenía más elemento curioso que un hombre sentado en una silla de ruedas que jugaba a las cartas contra sí mismo ante una mesa camilla. La mujer deslizó una caricia sobre la cabeza del hombre que apenas les hizo caso y se situó tras una mesa llena de papeles como si fuera un parapeto. Todas las facciones se le caían menos la lengua, en una clara demostración del fracaso de tantos maquillajes compensatorios de largos años de mal casada.

—¿Qué quiere ese borde de Brando, ahora?

—¿Suele ver usted a su hija?

—Suele verme ella a mí, cuando necesita dinero. Y sobre todo a ese desgraciado, que le suelta lo que sea.

El desgraciado volvió la cabeza. Conservaba la sonrisa del día en que quedó veintiséis o veintisiete en el Campeonato del Mundo de gimnasia masculina.

—Ríe, ríe, que bien te sabe sacar los cuartos el pendejito ese.

Había ternura en la voz de aquella bestia y Carvalho dejó que ella se despachara a sus largas y anchas, en un duro discurso sobre las insuficiencias de todo tipo de Brando y la injusticia de que ella ahora tuviera que dar la cara por su hija. Si la policía la detenía ya escarmentaría. Nadie escarmienta en cabeza ajena. Ella no sabía nada de la vida secreta de su hija. Tal vez su hermano.

—Pida audiencia y si el señor se digna concedérsela... De vez en cuando trata de meter en cintura a la chica, pero siempre lo hace denigrándonos a los demás, a su padre y a mí. Ése no parece hijo mío. Yo le llamo al pan pan y al vino vino.

Por lo visto era una pauta familiar que resistía la prueba del divorcio o acaso, enfrentados dos seres adictos a llamar al pan pan y al vino vino no les quedaba otra salida que el crimen imperfecto o el divorcio. No, ella no creía que la chica buscara emociones fuertes, no era de ésas, ella misma era una emoción fuerte. El inválido seguía tan contento y asentía.

—Mira cómo se le cae la baba a ése cuando hablo del pendejito.

—Pero algo busca.

—Ya lo puede usted dar por seguro. Ésa donde pone el ojo pone la bala. No malgasta ni un gesto. Parece que va por la vida de boba. Pero de boba nada. Va a lo que quiere y ya ha conseguido pasar por encima del cadáver de su padre. ¿No le parece a usted un muerto?

Si le decía que sí ya eran casi amigos. Los tres. Porque el jugador de cartas inválido ex veintiséis o ex veintisiete en el Campeonato del Mundo de gimnasia masculina bailaba con su silla de ruedas, contentísimo por todo lo que estaba ocurriendo, como si le gustara la compañía de Carvalho y el buen tono que había adoptado su mujer. Y tan contenta ella como él, se fue a su lado, le arregló un atuendo ya de por sí animado y le volvió a acariciar el cabello.

—Apenas si habla. Pero dice todo lo que tiene que decir. Los mejores maridos son los inválidos.

—Llame a su hija. Háblele de mujer a mujer. Pregúntele qué iba a buscar aquella noche entre tanto camello y yonqui de medio pelo.

—Cuando necesite dinero, vendrá. Y no seré yo quien la sonsaque. Éste, éste sin decir ni mu saca de ella lo que quiera.

—¿Me llamará?

Dijo que sí con la cabeza y dio por concluida la audiencia. Precedió a Carvalho por el pasillo y se detuvo a cierta distancia del ventanal que mostraba la perspectiva de la jaula sudada donde las mujeres habían montado una tertulia. Estaba intercambiando sus pequeños saberes de amas de casa aburridas y ricas.

—Fíjese, como loros.

—Las trata usted muy mal.

—Empecé tratándolas con miramiento y se me montaban encima. Son chicas de casa bien que no han crecido. Pero les pegas cuatro gritos y se recomponen. Vienen a que las soben las masajistas y las agüitas del yakuzi. Necesitan que alguien las trate como si fueran tropa. A éstas sí que les haría falta una buena mili de veinticuatro meses.

Dejó a la monitora tramando crueldades contra los cuerpos más selectos de la ciudad. Tanta gimnasia le había despertado el apetito y dudó entre irse a La Odisea a gozar de la cocina de autor de Antonio Ferrer o dar la alternativa a los del Nostromo, dos marinos que se habían metido a restauradores después de la experiencia vivida en *La Rosa de Alejandría*. El restaurante era esquina de uno de los callejones traseros del hotel Colón, muy cerca de La Odisea y había declaración de principios marinos desde el rótulo, en homenaje a la novela del mismo título de Conrad, hasta cualquier minucia decorativa, todo salvado del naufragio moral de los marinos después de la experiencia de aquella imposible huida hacia adelante en busca del Bósforo. No les gustaba hablar de lo vivido sobre *La Rosa de Alejandría*, pero en la pared pendía una maqueta del barco, Germán no estaba en el local pero Basora sí y dividió su talante entre el de marinero en tierra y restaurador en ciernes. Nada que reprochar a un entrante de pasta fresca con trompetas de la muerte, una seta enigmática que están poniéndose de moda desde que la lanzara en su carta el Recó de Can Fabes, en Sant Celoni, y a continuación un Bacalao a la Catedral que era como una síntesis de los bacalaos catalanes, la caligrafía sintéctica de otros plastos de bacalao barrocos. Basora le ofreció un

Pesquera tinto excelente y ya en el café le sorprendió con una botella de ron nicaragüense que llevaba enganchada una etiqueta con el nombre «Pepe Carvalho».

—Cada vez que venga usted por aquí tiene la botella de ron a su disposición.

—Un buen motivo para volver.

Germán diversificaba el riesgo del restaurante apuntándose a bolos de marinero en tierra. Ahora estaba haciendo no sé qué leches, dijo Basora, en el dique seco. En cuanto al antiguo oficial de *La Rosa de Alejandría*, seguía adicto a su severo sentido del humor pero llevaba a cuestas el ancla de todo marino con añoranza de singladura. De vez en cuando aún enviaba un paquete a la cárcel de Segovia donde cumplía condena Ginés Larios o recordaba al abogado defensor que no descuidara pedir por enésima vez el indulto individual.

—Al fin y al cabo mató por amor. Es mucho peor matar por odio.

Le alentó Carvalho. A Basora le había encanecido el cabello y no estaba muy seguro de si matar por amor era mejor que matar por odio. El amor es una enfermedad, dijo. Si lo hubiera dicho cualquier otro, Carvalho hubiera sonreído, pero Basora era hombre parco en palabras. Le conoció el mismo día en que presenció el desembarco de Ginés, entre dos policías, frustrado su deseo de encontrar más allá del Bósforo el lugar de donde no quisiera regresar, el final perfecto de una huida perfecta. Germán y Basora estaban desconcertados ante aquel hombre que lo sabía todo sin haber viajado a bordo de *La Rosa de Alejandría* y que se contentaba con comentar el crimen de Ginés, sin ponerlo en conocimiento de la policía.

—En fin.

Suspiró Basora y recitó irónicamente.

—Pero la noche es interminable cuando se apoya en los enfermos y hay barcos que buscan ser mirados para poder hundirse tranquilos.

Toda la conversación había tenido en la cabeza de Carvalho como telón de fondo la ensoñación de Claire, una muñeca carnal y juguetona, en retícula de fotografía vieja, en movimiento, en primer plano, al fondo de un paisaje deshabitado. Carvalho se había bebido media botella de ron, se refrescó las sienes en el lavabo, entre grabados de navegaciones y naufragios y al ver la cara que le devolvía el espejo hizo suyo el verso de Lorca... *hay barcos que buscan ser mirados para poder hundirse tranquilos.* Se entregó al doble juego de dejarse llevar por los sentimientos e ironizar sobre ellos, para no sentirse en ridículo y dominar su propia situación. Deseó suerte a los marineros en tierra en su nuevo negocio y prometió volver otro día a vaciar su botella. Mi botella. Repitió varias veces, como un borracho y es que estaba algo borracho. Pateó los callejones abandonados a su historia inútil, en busca de la ciudad remozada para actuar como escaparate olímpico. La catedral se asomaba, aunque distante, a las obras de un parking subterráneo que permitiría aumentar el número de japoneses que la visitarán antes que llegara el año dos mil. Les rogamos disculpen las molestias. Trabajamos por usted. *Barcelona, posa't guapa* (1). *Barcelona més que mai* (2). Todo el mundo parecía estar de paso, la ciudad incluso

(1)   Barcelona, ponte guapa.
(2)   Barcelona más que nunca.

estaba de paso entre un pasado sabido y un futuro sin límites precisos. Claire estaba de paso y a medida que avanzaba por una ciudad en destrucción y reconstrucción se sentía como un adolescente a la espera de la muchacha que le ha de hacer infeliz y adulto, esa muchacha que de pronto desaparece y que alguna vez se recupera treinta años después, cuando es demasiado tarde para casi todo. Se escuchó cantar un viejo bolero, envalentonado por la espuma del alcohol que le subía hasta el cerebro. *Qué lástima, por qué no me lo dijo / si lo hubiera sabido sería toda de él.* Señor Carvalho, si usted me hubiera insinuado algo, yo habría renunciado a mi griego irrepetible y me hubiera ofrecido a usted al final del laberinto, como premio en el recorrido en busca de la verdad, ¿sabe usted qué quiere decir *alezeia* en griego clásico? Si era capaz de hacerse la pregunta, aunque la pusiera en labios de Claire, es porque sabía o en algún momento había sabido qué quiere decir *alezeia* en griego clásico. Al final del laberinto podría encontrar a Claire, una vez resuelto lo de los griegos, porque de lo contrario si alguna vez, dentro de treinta años podía volver a encontrar a Claire, estaba seguro de que no sería en una estación, equivocándose de despedidas, sino en algún cementerio. Tal vez la vuelva a ver dentro de treinta años cuando ella venga a poner flores a alguna tumba y pase junto a la mía y la retenga un pellizco de la memoria: ¿Carvalho? Pepe Carvalho, ¿de qué me suena? O quizá Carvalho consiguiera vivir treinta años más para encontrarse con Claire en una acera y ella, en su decadente madurez, le ayudaría a cruzar la calle y él, por tratarse de ella, haría una excepción y se dejaría ayudar, en lugar de darle un bastonazo. En cualquier caso la capacidad de ensoñar, imaginar, predecir el final de aquel extraño capricho emocional conducía al género burlesco, pero Carvalho se complacía merodeando en torno de todas las impotencias presentidas. No le había pasado desde hacía muchos años y se sentía más ridículo que culpable, acaso culpable del ejercicio de sinceridad de no llamar a Charo para no imponerle la hipocresía de una solicitud que no sentía. Tenía la solicitud monopolizada. Se sentía cruel, legítimamente cruel, como sólo puede sentirse un animal racional enamorado. Y a medida que le crecía el sentimiento era menos ridículo confesárselo y se encontraba diferente, más próximo a sí mismo, cuando los cristales de los escaparates le devolvían la imagen de un hombre que ya sería definitivamente demasiado viejo en el año dos mil, que jamás había sentido la menor curiosidad por doblar aquella esquina del tiempo. Cuando era adolescente y estaba lejos del objeto de su deseo, acostumbraba a descender las Ramblas en la creencia de que ella le esperaría en el puerto. Jamás se había verificado aquella presunción, pero Carvalho había sido fiel al impulso cada vez que posteriormente se había sumergido en la agridulce imbecilidad del amor. Cuando se descubrió a sí mismo Ramblas abajo, siguiendo el rastro del adolescente que había sido, consiguió controlarse y desviar los pasos para meterse en Can Boadas, en busca de un primer martini de tiento, y si no le gustaba el primer martini, pediría el cocktail del día. Un martini es como una pieza de cerámica o como un guiso artesano, nunca sale a la perfección y siempre te deja con las ganas del martini ideal. El primero que le dieron estaba lo suficientemente bien como para tomar un segundo y así llegó al tercero. Los martinis le alcoholizaban la psicología más que la sangre y hacían de él una persona casi simpática, lo suficiente como para entablar conversación con un tipo bajito que bebía una bebida larga con mucho hielo en el vaso y mucha melancolía en los ojos.

—¿Alcohólico anónimo?

—No. Diputado en el Parlamento de Cataluña.

Le contestó el solitario bebedor.

—¿Un trago largo entre dos sesiones?

—No. Me he perdido.

Un diputado, perdido en las Ramblas, melancólicamente meditabundo ante un trago largo sólo podía ser socialista.

—¿Es usted socialista?

—¿Se me nota?

—Tienen una melancolía moderada. Le invito a otro trago largo.

—Necesito coger fuerzas para volarlo todo. El capitalismo ha ganado, pero está podrido. Mañana tengo que defender un proyecto de ley en el que no creo.

—No se amargue la vida, amigo. Defienda cualquier otro proyecto de ley.

—Los demás tampoco me gustan.

—Entonces lo tiene bastante difícil.

—Los comunistas son unos traidores. Ya no quieren hacer la revolución. Todos quieren ser socialistas y nosotros no tenemos más remedio que hacernos liberales. La historia nos absolverá. De vez en cuando olvido mi nombre y vago por la ciudad. Los psiquiatras dicen que padezco desdoblamiento de personalidad, pero no es verdad. Busco mi verdadera personalidad.

—Si la encuentro yo antes ya le diré que venga aquí, que usted está aquí esperándola.

—Sólo hasta las dos. A las dos cierran esto.

Pagó sus consumiciones y la del socialista desorientado y siguió su destino, Ramblas abajo, como si llegando antes acercara la hora del encuentro con los franceses. Ya en Casa Leopoldo, Germán le dejó escoger una mesa desde la que dominara la entrada majestuosa de Claire en el restaurante y palió su sed con una botella de vino blanco, muy frío, muy frío, insistió Carvalho, porque tengo la cabeza muy caliente. El restaurador estaba acostumbrado a sus excesos tan excepcionales como totales y le dejó beber vino blanco como quien bebe agua. Cuando los dos franceses atravesaron el dintel que abría el comedor interior, Carvalho navegaba en mares dorados del mejor vino de la casa y desde el puente de mando de su barco ebrio examinó los disfraces de sus invitados con plena satisfacción. Ella acudía vestida precisamente de pasajera francesa de un barco ebrio, con una chaqueta blanca larga y una blusa de seda verde pálido que le acariciaba el cuello mediante historiadores volantes que fingían ser espuma; y él vestía un traje color crema, con la camisa marrón, una corbata de marrón más oscuro y su sombrero casi plano, blanco, estudiadamente arrugado, en un total inacabado que sintonizaba con lo inacabado de sus facciones y sus gestos. El príncipe desganado dejó hacer, pasar la doble iniciativa gastronómica coordinada de Carvalho y el restaurador y sólo sus ojos tradujeron una cierta capacidad de sorpresa ante el despliegue pantagruélico de bandejas llenas de cigalas al ajo, sepias y pulpos microscópicos, angulas con jamón de pato y rodajas de kiwis, medias langostas y langostinos, un enorme rombo cocido a la plancha y al horno. Si su admiración era ocular, la de la mujer era verbal y cuando agotados todos los pescados del Mediterráneo consideró llegado el momento de un golpe de timón del paladar, sacó del bolso una botella de Vega Sicilia y la puso sobre la mesa.

—Es un pequeño homenaje a mi abuela.

—Dudo que el señor Carvalho admita un vino tinto después de tanto pescado y tanto vino blanco.

—El Vega Sicilia lo admito hasta con la sopa de pescado. No es un vino. Es una seña de identidad artificial, pero bien conseguida. En los tiempos de su abuela este vino no existía.

—Me sabe a Valladolid, a los campos de Castilla.

—Eso es otra cosa.

La había degustado tanto, sin verla, a lo largo del día que Carvalho trató de mirarla lo menos posible durante la cena, pero en toda comida llega la hora inevitable de la conversación y la mirada o de la pelea. Una comida jamás puede terminar en un silencio indiferente, a no ser que uno de los dos comensales esté muerto. Hizo un resumen de sus pesquisas que el francés escuchó con su prevista desgana y ella con expresión más fascinada que anhelante. Tal vez le gustaba más buscar al griego que encontrarlo. Tal vez, avisó Carvalho, en el estudio de los Dotras sólo hagamos turismo, pero a todo turista le interesa traspasar los muros de la ciudad-hotel.

—No siempre.

Interrumpió Lebrun, repentinamente interesado.

—Nunca seleccionas ciudades, son las ciudades las que te seleccionan. Yo he dado la vuelta a los hoteles del mundo y pocas veces me he sentido convocado por la ciudad, hasta el punto de atravesar los muros de los hoteles. Quizá Barcelona valga la pena.

Les hizo meterse en las tripas del Barrio Chino, en sus rescoldos de prostitución barata marginada por los terrores del SIDA, otra vez las inevitables Ramblas y la desembocadura en el puerto, con la perspectiva primera y luego la toma de tierra del Moll de la Fusta. Edificios neoclásicos al servicio del poder militar, alguna pincelada neogótica, comercios marítimos, una plaza neorromántica, el escaparate de posmodernidades que configuraba la remodelación del paseo culminado por la gamba gigantesca del diseñador Mariscal. En el punto equidistante entre el pompier edificio de Correos y la estatua de Colón, Lebrun se quedó traspuesto y exclamó:

—*Que bel pasticcio!*

Respaldados por las naves, el mar estanque, los tinglados obsoletos a medio derribar, los nervios férricos de torreones de antigua eficacia atravesaron el paseo y la plaza de Medinaceli para buscar el callejón donde se ubicaba el estudio de los Dotras. Todas las puertas estaban abiertas y la luna llena estaba puesta sobre los miserables tejados. La mujer lo tocaba todo con la punta de sus ojos de piedra y con las yemas de sus dedos de seda, mientras mantenía una sonrisa ligera. Nada más penetrar en el estudio comprendieron que sin ellos el cuadro era incompleto. Iban vestidos todos de bohemios indígenas y agradecieron el contraste visual de aquellos turistas recién desembarcados de un paquebote sin duda con pocas horas de escala. Carvalho no contaba en sus apreciaciones. Lo aprehendieron como un guía de cualquier agencia *tour operator* y se dedicaron a desguazar a la dama de lujo y al caballero fugaz.

—Son dos mil pesetas por persona.

Advirtió la señora Dotras y a Carvalho le pareció que sus grandes y caídas tetas se habían convertido en una bandeja petitoria de catedral en la misa de doce.

—¿A cambio de qué?

—En ningún otro lugar de la ciudad verá lo que aquí verá.

Pagó el francés y Carvalho depositó su botella de Knockando en las manos del pintor vestido para la ocasión como un concertista indio de instrumentos musicales rigurosamente indios. Abundaba la gente joven repartida en grupos, montones, hablando en voz baja o ensimismados de cinco en cinco, la manera más dramática de ensimismarse.

—Aquí hemos conservado el ambiente de los últimos años sesenta y primeros años setenta. Cuando aún todo era posible.

Le informó Dotras con la voz por encima de un fondo musical en el que los Bee Gees, los Beatles, los Pink Floyd, Hair fueron sucediéndose durante el tiempo que compartieron rodeados por cuadros gigantescos de Dotras y carteles contestatarios con casi veinte años de antigüedad: mujeres orinando en mingitorios para hombres y órdenes de busca y captura de Richard Nixon. Hasta los más jóvenes parecían recién salidos de una noche de opaca juerga años setenta y Dotras les ratificó que de eso se trataba.

—Islas así ya no quedan en la ciudad. Cada generación tiene su derecho a la nostalgia y la nuestra... —Abarcó a Carvalho con el plural—: ... es la última generación que conservará el culto a la nostalgia. La nostalgia hay que elegirla.

—Este hombre es un precursor. Ha creado un museo viviente del comportamiento.

Era la primera vez que el francés manifestaba capacidad de entusiasmo. Les ofrecieron ensalada de arroz y pollo al curry razonando el menú como indispensable en cualquier cena progre masiva de la época objeto de culto y les presentaron a una becaria norteamericana que estaba realizando un estudio sobre *Costumbres del transfranquismo* para la Universidad de Carolina del Norte. Los nietos de Dotras repintaban cuadros del abuelo con pintura spray y los cinco hijos de la walkiria, componentes del conjunto Los Musclaires afinaban sus instrumentos a punto de iniciar su concierto en homenaje a las concentraciones de Canet, el Woodstock español, catalán para ser más exactos, aclaró Dotras a la norteamericana que tomaba apuntes en una libreta y monsieur Lebrun que tomaba apuntes mentales. Carvalho quiso obrar como otras veces, cuando un ambiente le resultaba indiferente hasta el cansancio, dejar la cara y marcharse con la cabeza a otra parte, pero cuando buscaba un pliegue del local para su cabeza, sus ojos tropezaron con una muchacha a la que había conocido en circunstancias más propicias. Era Beba, la hija de Brando y de la monitora, semiacostada en unos cojines y platicando con un viejo, diferente al que estaba aliviando la mañana en que la conoció Carvalho. O quizá no era tan viejo, sino de la edad de Carvalho.

—¿Quién es ésa?

Preguntó a Dotras. Se molestó el pintor por verse distraído de sus servicios al banco de datos de la Universidad de Carolina del Norte y apenas si pellizcó con la mirada al dúo que formaba Beba con su acompañante.

—No la conozco. ¿Ha pagado, mamá?

Su mujer le dijo que sí con la cabeza, después de pesar a la muchacha en unas balanzas mentales que sólo ella veía.

—¿Y el que está con ella?

También, aseveró testaruda la señora Dotras. Devolvió su atención el pintor a la científica social norteamericana y Carvalho no insistió, pero tranquilizó su mala conciencia examinando para su solaz a Beba, monologante mientras el hombre la escuchaba o cansado o aturdido o drogado. Beba tenía una expresión dulce, como si fuera la maestra o la madre del hombre que la escuchaba.

—¿Conoce a esa chica?

Claire le había cogido un brazo mientras examinaba a Beba a distancia.

—Es muy guapa. ¿La conoce?

—No. O quizá sí, pero hoy no me toca.

—Es muy angélica. Muy joven. Me emociona su aspecto. ¿No le parece muy angélica?

—Es probable. Hay tantas clases de ángeles.

Se sumergió Claire en una reflexión silenciosa sobre los ángeles y de ella sólo participó a Carvalho una sonrisa, como una gasa rosada velando los pensamientos que le escondía.

—¿Y mi griego?

Preguntó de pronto Claire, como si recuperara el sentido de la orientación. Carvalho hizo de intermediario con la señora Dotras que le señaló a un joven de ojos grandes vestido con una túnica color azul. Claire examinó al griego con ojos que primero fueron valorativos y luego despreciativos.

—No es mi griego.

—Un griego lleva a otro griego.

Se sentaron Carvalho y Claire en unos cojines, cerca del joven de la túnica, mientras Lebrun iba de grupo en grupo escuchando y observando con la precisión de un enviado especial de las Naciones Unidas, antes o después de cualquier referéndum escabroso.

—Alexopoulos es el más prometedor pintor griego joven que conozco.

Advirtió Dotras antes de propiciarles el contacto.

—No nos ha dicho a cuántos pintores griegos jóvenes conoce.

Claire rió y Carvalho se sintió muy premiado. Nada más sentarse sobre los cojines, Carvalho iba a iniciar la introducción al tema, cuando sintió la mano de la muchacha en su brazo y al mirarla comprobó que ella le estaba pidiendo que la dejara hacer. Le robó sus propios ojos para dárselos al griego que les contemplaba desde una advertida distancia, sabedor de que iban a pedirle algo. Ella empezó a susurrarle una larga explicación que Carvalho no podía oír y poco a poco la resistencia del hombre fue aminorando, hasta que se dejó caer sobre un codo y situó su rostro muy cerca del de Claire para reducir aún más el ámbito de su inaudible conversación. Claire de pronto se apartó del muchacho y quedó sentada en cuclillas, inclinada hacia adelante, con un bucle de pelo meloso acariciándole un pómulo y la cabeza paralizada por el proceso de una reflexión que Carvalho adivinaba intransferible. Volvió su rostro hacia Carvalho y era como si la luna llena del exterior se hubiera metido en el estudio y tratara de hipnotizarle.

—No me he equivocado. Alekos está en Barcelona.

—¿Dónde?

—Sólo sale de noche.

—¿Por qué?

O eran dos lágrimas o la emoción interior hacía refulgir aún más sus ojos.

—Vive por una zona que se llama Pueblo Nuevo y a medianoche se acerca a una casa de comidas, en una plaza, no sabe el nombre. Al final de la rambla del Pueblo Nuevo. Vive en alguna de las fábricas abandonadas por aquella zona. ¿La conoce usted?

—La conozco. Se llama Pueblo Nuevo, pero ya tiene poco de nuevo. Es un barrio que creció a finales del siglo pasado y comienzos de éste, industrial y popular. Ha envejecido rápidamente, como todo lo pobre, y está a la espalda de la futura Villa Olímpica, lleno de fábricas y almacenes abandonados.

—¿Por dónde empezamos?

—¿Ahora?

—Ahora. Mañana puede ser demasiado tarde.

A otro cliente Carvalho no le habría consentido el derecho a marcar el ritmo, pero aquella mujer no era una clienta normal y de cerca olía a amanecer en el campo después de una noche de lluvia lenta.

—¿Por dónde empezamos, ahora?

—Vayamos a esa casa de comidas. Dice que es una plaza con árboles muy grandes y que sólo se comen cosas frías, quesos, patés, embutidos. En verano hay una terraza al aire libre, pero ahora ya no. Allí quizá puedan orientarnos.

Al descruzar las piernas Carvalho se dio cuenta de que se había quedado inválido. Sentía sus piernas llenas de moscas voraces de su propia sangre. Odiaba los cojines y las sillas bajas, odiaba a los Dotras y su comedia nostálgica y empezaba a odiar a Els Musclaires que estaban cantando *No serem moguts* (1) en un homenaje, dijeron, al espíritu de Joan Baez y Bob Dylan y a su madre que les había traído al mundo el mismo día de los famosos procesos de Burgos contra militantes de ETA. La ex parturienta servía combinados de naranjada con vodka y deletreaba el nombre de aquel cocktail de moda hacía casi veinte años: destornillador. La norteamericana apuntaba con una buena fe que ya sólo exhiben los imperialistas arrepentidos. Beba y su viejo habían desaparecido.

—¿Se van ya? ¿Qué les ha parecido mi idea?

—Ha de renovar el espectáculo, Dotras. Todo lo de mayo y lo del posmayo empieza a caer gordo.

—Ya nos lo hemos planteado, pero ¿por qué lo sustituimos? Es un problema. Durante este verano estuvimos estudiando la posibilidad de renovar el espectáculo, como mi mujer y yo lo llamamos, pero, después de mayo, posmayo y todo lo demás ¿qué hay? El miedo. Miedo a la crisis. Miedo a no tener dinero. A no saber la verdad. A que no exista la verdad. A envejecer... Pero todo eso ya no es pasado, es presente. ¿Ha pensado usted en la posibilidad de que el pasado haya dejado de existir? ¿De que a partir de ahora sólo

(1) Versión catalana de: *We shall overcome.*

exista el presente? ¿Ha pensado usted en cómo queda el mundo tras la caída del muro de Berlín?

—No pienso en otra cosa, pero no a estas horas de la noche.

—Sus amigos franceses ¿se han divertido?

Lebrun miró a Dotras como si fuera su asistente y cuando su sonrisa leve parecía propiciar una despedida tan convencional como intrascendente, se sacó una tarjeta del bolsillo superior de la chaqueta y se la tendió.

—Tiene usted entre las manos una idea genial y si alguna vez quiere montarla en gran escala, póngase en contacto conmigo. El psicodrama generacional, en vivo, participativo...

Dotras recelaba de la sinceridad de Lebrun, pero se guardó la tarjeta y les acompañó hasta la puerta.

—¿Ha encontrado a su griego?

Claire asintió con la cabeza y se fue tras los pasos de Lebrun. Carvalho se quedó rezagado y provocó un aparte con Dotras.

—¿Quién es ese griego que nos ha presentado? ¿Es de fiar?

—Como cualquier otra persona que está hoy aquí. Sí y no.

—¿A dónde vamos?

Preguntó Lebrun en cuanto volvieron a desembocar en la plaza Medinaceli.

—A Icaria.

—¡Por fin!

—No se lo digo en broma. Una parte de Barcelona, hoy a punto de desaparecer bajo la piqueta olímpica, se construyó en homenaje a Icaria. Era un barrio industrial y obrero, naturalmente, y los obreros catalanes del siglo xix también soñaron

74

en llegar algún día a Icaria. Incluso la Ciudad Olímpica se llamará Nueva Icaria.

—Olimpia en Icaria. Un clavo saca a otro clavo. Un mito saca a otro mito.

—A esta parte más industrial del Pueblo Nuevo, Poble Nou en catalán, también se la llamó la Manchester Catalana. Los industriales barceloneses del siglo XIX idolatraban el modelo inglés. Me gustan las ruinas contemporáneas, monsieur Lebrun, y últimamente paseo mucho por la ciudad amenazada por la modernidad. En el barrio viejo, muy cerca de aquí, están abriendo una vía ancha que se va a llevar los malos olores de la ciudad podrida no sé a dónde, pero se los va a llevar. Y de la Manchester Catalana, de Icaria, poco va a quedar. Es curioso que los patronos soñaran con Manchester y sus obreros con Icaria. ¿Con qué sueñan hoy en día unos y otros?

—Probablemente con nada.

Claire caminaba delante de ellos con los brazos doblados y cruzados sobre su pecho, como si hubiera recibido una misteriosa eucaristía y toda ella fuera un sagrario. Tomaron un taxi ante el Gobierno Militar y Carvalho dio una imprecisa referencia. A una plaza llena de árboles grandes, al final de la rambla del Pueblo Nuevo. El taxista les examinó críticamente. No parecían asaltantes nocturnos y hay gente que no sabe nunca a dónde va. En el taxi se hizo un silencio total que Carvalho cubría con la misma mano que le tapaba la cara, Lebrun con una sonrisa tal vez irónica y sólo Claire parecía tener la vista más allá, como si ante sus ojos empezara a construirse la historia venidera, una historia secreta que ya sabía.

—¿A dónde vamos?

Preguntó finalmente Lebrun.

—A una casa de comidas donde sirven patés y quesos.

—¿Más comida?

—Puede estar Alekos.

Lebrun se dio por satisfecho con la respuesta y se dejó caer en el respaldo del asiento. Sus ojos se habían convertido en dos ranuras que filtraban el paisaje de la Barcelona nocturna, la sombra vegetal del Parque de la Ciudadela, el pompier del Palacio de Justicia y se le escapó una carcajada contenida cuando pasaron junto al Arco del Triunfo.

—¿También ustedes?

—Un Arco de Triunfo reducido a escala, para triunfos menores. Desde hace tres siglos casi todos los triunfos españoles han sido sobre nosotros mismos.

Pero de pronto, y a pesar de la noche, la vista era asaltada por la ambigüedad de un paisaje en el que no se sabía dónde empezaban las destrucciones y empezaban las construcciones. Grúas, tierras removidas, bulldozers, solares arrasados con la huella de cimientos tronchados, insinuados bloques de casas recién nacidos, como bulbos asomados apenas sobre la membrana de la tierra muerta, una llanura de insinuaciones para lo que sería la Villa Olímpica al cabo de un año, de un año y medio, entre un mar sorprendido en su fea desnudez de mar urbano tras la caída de las casas que le servían de taparrabos y el atemorizado reducto de lo que quedaba de Pueblo Nuevo, de aquel Pueblo que había sido Nuevo cuando la burguesía de la ciudad plantó junto al mar sus fábricas y quiso tener la mano de obra cerca, aun a riesgo de que la relación de vecindario les encimara hacia la larga marcha, desde Pueblo Nuevo a Icaria, toda Barcelona sería Icaria, toda la Tierra sería Icaria.

Lebrun quiso poner pie a tierra para ver de cerca las obras que proseguían a pesar de la noche, bajo reflectores de después de un bombardeo, fuera Dresde o Brasilia lo que tuvieran ante sus ojos, un paisaje de ruinas o de fundamentos, enhebrado por carreteras inacabadas que aún no unían con nada.

—Imagínese que todo se detuviera ahora. ¡Qué belleza, una ciudad olímpica inacabada!

Algunos rótulos pregonaban que las construcciones eran empeño de Nueva Icaria, S. A. y Lebrun se puso a reír.

—¿Se imaginaba usted que algún día los falansterios serían construidos por Sociedades Anónimas? O quizá sea ya la única posibilidad de construir falansterios. Icaria construida por sociedades anónimas, con aportaciones especiales de la CE, tal vez incluso del Fondo Monetario Internacional. Ahora que el comunismo se ha hundido ¿por qué no convertir su sueño en material de Disneylandia para la nueva burguesía? ¿Qué me diría usted Carvalho de una Disneylandia que fuera una perfecta ciudad comunista, sin los fracasos de la ciudad comunista que se acaba de hundir?

Carvalho recordó rostros de comunistas concretos y hubiera deseado pegarle una patada en los cojones a Lebrun. Pero volvían a estar en el taxi, en el laberinto del ya viejo Pueblo Nuevo. De pronto el paisaje empezó a proletarizarse y Lebrun a interesarse por el decorado. Pueblo Nuevo ofrecía su *collage* de pueblo de pescadores y obreros, de industrias y almacenes.

—¿Qué se fabricaba por aquí?

—Creo que de todo. Tejidos, prensas de aceite, fábricas de antimonio, vino, tripas de cerdo para hacer embutidos...

—Tripas de cerdo para hacer embutidos...

Recitó Lebrun como si fuera un verso. El taxista pidió una concreción sobre el tipo de plaza que buscaban y cuando Claire le informó sobre el figón y sus comidas fugaces, al menos el taxista demostró saber a dónde iban. Una plaza recoleta casi toda ocupada por ombús, diezmados por el otoño, antiguos almacenes de industrias y comercios muertos, en la esquina el bar que sabía a camembert y pan con tomate, Restaurant Els Pescadors. Cuando Claire, sin abandonar la iniciativa, empujaba la puerta del establecimiento, Lebrun la retuvo con un brazo.

—Querida, yo quisiera saber qué podemos encontrar aquí. Me parece un acto de cortesía después de haberte traído a esta ciudad.

—¿Sólo yo tenía interés en encontrar a Alekos?

Lebrun le aguantó la mirada y recuperó la sonrisa. La dejó precederles y tras ojear las mesas ocupadas y no distinguir en ninguna de ellas lo que buscaban, seleccionaron una de las antiguas mesas de mármol con soporte férrico historiado y se desconcertaron ante la pregunta: qué quieren cenar.

—Traiga cava muy frío y jamón cortado muy fino.

Pidió Carvalho y Lebrun parecía definitivamente desinteresado de cuanto ocurriera. Cuando el camarero les trajo lo que habían pedido, Carvalho pisó los primeros balbuceos de Claire y tomó la iniciativa en la pregunta.

—Buscamos a un pintor, griego.

Claire tendió la foto que había sacado del bolso.

—Por aquí pasa mucha gente.

—¿Todos griegos?

—No les preguntamos la nacionalidad.

El camarero recurrió a instancias superiores y el evidente dueño de todo aquello, probablemente un ex progre que alguna vez actuaría en el espectáculo de Dotras, les valoró a distancia. Se metió detrás del mostrador y pareció entretenerse en la preparación de un pedido, pero su cabeza trabajaba el requerimiento y Carvalho le sorprendió dirigiendo varias veces la vista a una mesa arrinconada donde cenaban un grupo de parlanchinas muchachas y silenciosos hombres, recién salidos de un desfile de modelos para jeques árabes. Ellas iban disfrazadas de huríes en azul cielo y corinto y ellos de smoking de anuncio de perfumes masculinos. Finalmente el propietario salió de su parapeto y se dirigió a la mesa del rincón. Se inclinó sobre el grupo y habló algo junto a la oreja que una de las mujeres tuvo que rescatar de las profundidades de su melena caracolada. Todas las cabezas de la mesa se orientaron entonces hacia el trío que componían Carvalho, Claire y Lebrun. El francés no se dio por mirado aunque se supo mirado, Claire compuso una expresión de serena expectativa y Carvalho se limitó a dar noticia con los ojos de que se sentía observado. La muchacha de la oreja oculta volvió a metérsela en las interioridades de su melena y se levantó para dirigirse a la mesa de Carvalho. Pero llegó con la oreja puesta. Era muy delgada, tenía uno de esos esqueletos dulces, de las mejores modelos.

—Me han dicho que buscan a Alekos.

—Madame Faranduris busca a su marido.

Dijo Carvalho sin hacer caso del amago de protesta que Claire insinuó con un gesto. Algo parecido a la complicidad y a una cierta compasión dibujó la sonrisa propicia de la modelo.

—Últimamente viene menos por aquí y no sé muy bien en qué almacén abandonado vive. Sólo sé que él lo llama Skala y que ha puesto un rótulo en la puerta con ese nombre. Le conocemos de verle por aquí y a veces hemos hecho el mismo recorrido, porque trabajamos para un fotógrafo de modas que tiene el estudio en una antigua fábrica de batas. Pero luego él sigue más allá y nunca nos ha llevado hasta donde vive. Cuando acabemos de cenar hemos de volver al estudio. Pueden venir con nosotros y al menos les señalaremos el camino hasta donde podamos.

Claire se lo agradeció con la mejor sonrisa que Carvalho le había visto desde que se habían conocido y cuando la modelo volvió a la mesa, los ojos de ella estaban llenos de lágrimas, mientras sus labios musitaban: Skala.

—Skala, es Alekos, sin duda.

—¿Qué quiere decir Skala?

—Es el puertecillo de la isla de Patmos, la patria de Alekos. Estuvimos allí hace tres veranos. Dimos la vuelta a la isla en un barquito: Grikou, Diakofti, Hora, la gruta donde se dice que san Juan escribió el Apocalipsis.

Lebrun salió de su fingida indiferencia o somnolencia para recitar: «Y me llevó el Espíritu al desierto y vi a una mujer sentada sobre una bestia bermeja llena de nombres de blasfemia y que tenía siete cabezas y siete cuernos. Y la mujer estaba vestida de púrpura y escarlata y dorada con oro y adornada de piedras preciosas y de perlas, teniendo un cáliz de oro en una mano, lleno de abominaciones y de la suciedad de la fornicación.»

Ante la perplejidad de Claire, informó:

—Apocalipsis, capítulo diecisiete, tercer versículo.

—Es curioso, pero Patmos no queda lejos de la isla de Icaria.

—¿También estuvo usted en Patmos, monsieur Lebrun?

—Estuvo con Alekos en el verano del ochenta y siete.

Había desafío en las miradas que se sostenían Claire y Lebrun.

—Alekos es tu problema.

—¿El tuyo, no?

Lebrun interrumpió su pleito con Claire para proseguir su discurso a Carvalho.

—Basta ver la isla, secarse en su sequedad, convertirse en uno de sus secos habitantes, para comprender por qué san Juan escribió precisamente allí el Apocalipsis. Durell ha dicho que el Apocalipsis es un poema digno de Dylan Thomas. ¿Conoce usted la obra de Dylan Thomas?

—No olvide que no leo. Sólo quemo libros.

—El número siete es cabalístico y está presente en la propia nomenclatura y morfología de Patmos y en el poema de san Juan: siete colinas, siete palmatorias, siete estrellas. En la cueva donde supuestamente vivió san Juan hay una hendidura que al parecer abrió la voz de Dios cuando descendió para meterse en el cuerpo del santo, poseyéndolo, poéticamente, para la poesía. La voz de Dios debe ser terrible. Yo visité la cueva en un día de tormenta y tuve miedo. El viento aullaba fuera y dentro de la cueva se oye el ruido de la montaña, como si la montaña se rebelara contra el hachazo de Dios... Pero es el ruido del agua, en una isla tan seca, la montaña del Apocalipsis está llena de manantiales secretos. El monje que me acompañaba estaba tan asustado que hacía la señal de la cruz cada vez que rugía el viento y me traspasó su miedo.

—¿Y Alekos?

—Consideraba que todo lo del Evangelio y el Apocalipsis incluido era un tenebroso asunto de judíos y precapitalistas judíos. No tenía el complejo de culpa judeocristiano que me asfixia a mí. Era un hombre geológico y dentro de aquella cueva se sentía como una parte más de la tierra.

Claire le escuchaba con una admiración que Carvalho no sabía si iba dirigida a Lebrun o al hombre de su vida.

—Me alegré cuando salimos de aquella cueva y volvimos al puerto. Aquella noche Alekos pilló una borrachera geológica. Parecía un gigante borracho. O quizá una montaña borracha. Estábamos en una taberna a la que faltaban todos los cristales y el cielo estaba repleto de rayos blanquísimos, nunca he visto rayos tan blancos, parecían reflectores de bombardeos, o cómo uno se imagina los reflectores de un bombardeo o cómo uno los ha visto en las películas en blanco y negro. Tenía miedo y eso que Puerto Skala es un lugar protegido de los vientos, un refugio seguido para antiguos navegantes y piratas. Todo para nada. Todo para una probable falsificación. No está demostrado que san Juan escribiera allí el Apocalipsis. Tal vez ni siquiera lo escribiera él. ¿Por qué no suponer, ya para siempre, que sea un poema de Thomas?

—No tengo ningún inconveniente. ¿A qué fue a Patmos precisamente con Alekos?

—Turismo, turismo profundo.

Y se echó a reír desmedidamente, exageradamente. Se calmó y prosiguió su conversación.

—Conocí a los suegros de Claire. Irreprochables. Antropológicamente irreprochables. De ilustración de Gustave Doré o de cuadro de Delacroix sobre griegos. Carecían de la locura melancólica del hijo y eran padres rigurosamente populares, de esos que te meten veinte francos en el bolsillo cuando sales de viaje, quieras o no quieras, o un buen pedazo de roquefort en la maleta para que no te mueras de hambre o de disentería en el extranjero. Admirablemente convencionales.

En la mesa de los modelos había preparativos de marcha, Claire se puso en tensión y Carvalho tuvo que prescindir de la duda que le había asaltado tras las últimas palabras de Lebrun. ¿De qué le venía a Lebrun tanto conocimiento de padres populares? O había aprendido el comportamiento de príncipe en los libros o de los libros había sacado el retrato costumbrista de los padres populares. El hermoso esqueleto de mujer vestida de hurí corintio removió suavemente el aire a su alrededor invitándoles a que siguieran a la troupe de máscaras. Hablaban y reían como jóvenes desnudos, pero iban vestidos de actores de spot publicitario sobre perfumes. Por delante las huríes, los caballeros riendo y contorsionándose bajo las constelaciones de Icaria detrás, inmediatamente detrás, y Claire que les secundaba como una obsesa y tras ella Carvalho que la seguía como un obseso y cerrando la marcha el desganado príncipe experto en padres populares y en apocalipsis. Pasaban por un imaginario desfiladero, a la izquierda el decorado de viejas casas vecinales donde todo estaba muerto o dormido, a la derecha construcciones semiabandonadas, almacenes o edificios ambiguos bajo la luna, a manera de obstáculos para impedir ver las obras olímpicas y el mar podrido que a aquellas alturas recibía la mayor parte de aguas residuales de Barcelona filtradas por la piedad insuficiente de las depuradoras. Avanzaban hacia la escenografía industrial obsoleta, un frente de formas que la noche hacía caprichosas: naves triangulares unidas como hermanas siamesas, chimeneas combadas por calores perdidos, torres de hierro con todos sus óxidos ennoblecidos por el contraluz lunar, árboles asomados a las tapias erosionadas, definitivos vencedores del cerco fabril, vegetales cabelleras oscuras de la naturaleza aprisionada presintiendo el asalto implacable del bulldozer. Al cortejo sólo le faltaba un violinista viejo y una puta gorda de Fellini, pensó Carvalho y se lo dijo a Claire, pero no retuvo su obstinado avance hasta que los modelos se detuvieron y quedaron esperándoles. El hermoso esqueleto forrado de color corinto tenía la voz demasiado aguda, pero no era cuestión de ponerle reparos mínimos.

—Aquí trabajamos nosotros. Unos doscientos metros más allá hay una fábrica abandonada que se llama o se llamaba... no me acuerdo... verán unas letras, un rótulo de cerámica azul, muy bonito, semidestruido, no están todas las letras y por eso no me acuerdo de su nombre. Pero alguien ha pintado en la tapia, junto a la puerta, Skala. Allí pueden encontrar a Alekos.

Les había incluido a todos, pero sus ojos permanecieron fijos, cómplices, compadecidos en Claire. Recibieron a cambio una de las mejores sonrisas de la muchacha y la inclinación de cabeza de Lebrun. La comparsa desapareció tras un portón de hierro que se dejó abrir protestando como las mejores puertas de las mejores películas del conde Drácula y los tres expedicionarios se quedaron solos ante la perspectiva de una calle abandonada a los gatos y a las ratas. Fue Claire la primera en llegar ante la puerta y alzó una mano como para acariciar una por una las letras que componían la palabra Skala. Pero la dulzura del gesto fue sustituida por la indignación crispada del cuerpo cuando comprobó que la puerta estaba cerrada. Se quedaron los tres antes los muros de la ciudad anhelada y de momento prohibida. Las tapias eran altas y la puerta no mostraba la menor quiebra.

—Está cerrada y bien cerrada.

—¿Desde dentro?

—Es imposible saberlo.

Ya se disponía la muchacha a empezar a gritar el nombre de Alekos mientras sus pies daban impacientes patadas a la puerta, cuando Lebrun la retuvo por un brazo.

—Calma. Tal vez no quieran ser encontrados. Igual es todo mucho más sencillo. Lo importante es saber cómo se entra aquí. Nuestros amigos los modelos deben saberlo. Volvamos atrás, se lo consultamos y volvemos.

—Id vosotros, yo me quedo aquí.

—No es conveniente que usted se quede sola aquí.

—Sé cuidar de mí misma.

—Es cuestión de diez minutos. Volvamos atrás y regresaremos en seguida, si es que encontramos una solución o una respuesta.

—Está dentro, presiento que está dentro, presiento que se ha encerrado desde dentro.

Pero les siguió para encontrarse otra vez ante todas las posibilidades de un laberinto de avenidas con rieles entre vegetaciones, a la sombra lunar de naves fabriles tenuamente iluminadas por secretas actividades interiores. Vagonetas oxidadas y varadas, cables colgantes desde donde no podía adivinarse, muebles de oficina rotos o desguazados bajo cobertizos de uralita, un Citroën pato Stromberg sin ruedas y sin motor, cajas de cartón amontonadas según un orden arquitectónico, ablandadas por el tiempo y convertidas en una montaña blanda y blanquecina y una música lejana de concierto rock en sordina prometía un fin de fiesta después de un recorrido por aquellas cajas cerradas a las que conducían los raíles momificados y ennoblecidos por los jaramagos. Abría camino Carvalho y se introdujo en una de las naves tras vencer la resistencia chirriante de una portezuela de zinc. A la luz de los reflectores complementarios que colgaban de los cielos y abrían sus bocazas de luz desde el suelo de cemento, un grupo de muchachas ensayaba un ballet evidentemente moderno, porque se movían como si se estuvieran burlando de su propio esqueleto y la música sonaba a serrucho sobre cable de teleférico. Dirigía sus movimientos una mujer pequeñita y gorda, pero dotada de una elasticidad de chicle, a la vista de cómo se retorcía y plegaba sobre sí misma cuando corregía los movimientos de los bailarines. Ni rastro de los modelos de spot, ni ocasión de preguntar por ellos hasta que la directora se cansó de masticarse a sí misma y dio cinco minutos de descanso. Reparó entonces en ellos y dijo que no con las manos antes de ponérselas sobre el rostro.

—¡Ya he avisado que nada de fotografías! Todo está demasiado verde.

—No venimos a hacer fotografías. Buscamos a un grupo de modelos.

Advirtió Carvalho.

—¡Un grupo de modelos! Y luego te sacan las fotografías donde menos te lo esperas.

—Insisto en que buscamos un grupo de modelos. O tal vez no sea necesario encontrarlos. En realidad buscamos a un griego.

—Los modelos ya se han convertido en un griego.

—Admiro su trabajo pero no soy un fotógrafo. Insisto, buscamos a unos modelos que saben cómo llegar hasta un griego. Unos metros más abajo hay otra fábrica abandonada, parecida a ésta y dentro puede estar nuestro amigo, pero la puerta está cerrada, quizá por dentro; tal vez usted sepa cómo entrar, si hay alguna puerta lateral o si se comunica con otra finca.

—Yo no salgo de estas cuatro paredes. Ni conozco a ningún griego. Por ahí andan los modelos de los que habla. Pero ni me interesan ni me... ¡oiga! ¿Qué está usted haciendo?

Una secreta lógica había inducido a Claire a sacarse una pequeña máquina de fotografiar del bolso y destruir el precario equilibrio psicológico de la coreógrafa con un flash que sonó como una provocación. Lebrun reía sin contención y Claire dedicaba a la indignada mujer una de sus sonrisas más encantadoras.

—¡He dicho que no quería fotografías!

Trató de convocar la solidaridad de sus bailarines, pero éstos asistían a la escena con un cansancio de madrugada.

—No puedo bajar la guardia ni un momento. ¡Fuera de aquí!

Claire parecía relajada, como si su foto prohibida la hubiera liberado de la ansiedad de toda la noche y Lebrun prosiguió en su ataque de hilaridad hasta que salieron de la nave a recuperar los senderos del laberinto.

—Ha sido genial. ¿Por qué lo has hecho?

Era ella ahora la que reía hasta las lágrimas y Carvalho asistió cómplice pero distante a aquel concierto de carcajadas interrumpido de vez en cuando por Lebrun que recordaba en voz alta la prohibición expresa de hacer fotografías.

—¡Nada de fotografías y va Claire y... click...!

Alekos parecía momentáneamente olvidado y la pareja se adentró en el laberinto con la curiosidad renovada, a la espera de otro monstruo nocturno tan estimulante como el que acababan de superar.

—¡En busca del santo Graal, graves fueron las peripecias por las que tuvo que pasar el caballero Perceval!

Declamó Lebrun sobre sus pasos repentinamente agilizados que se iban hacia el rectángulo de luz ofrecido por una puerta abierta.

—Esta ciudad no duerme. Me fascina porque parece dormir pero no duerme. Es fantástico.

¿Quién podía imaginar unos caserones como éstos y llenos de magos? ¿No le parece fascinante, Carvalho? ¿Conocía usted este rincón maravilloso?

—Vagabundos. Toda esta gente son vagabundos, en una ciudad a punto de destrucción.

—¿Los modelos también?

—También, vagabundos.

—Es posible que tenga usted razón y todos seamos vagabundos. La sociedad se dividiría entre yuppis y vagabundos.

—A estas horas de la noche no tengo ganas de discursos. Encontremos al griego cuanto antes.

—El griego.

La puerta abierta conducía a un sistema de estancias pequeñas de techos altísimos que desembocaban en una gran nave final en la que crecía una gigantesca escultura que a Carvalho le pareció una alcachofa, aunque se negó a admitir que pudiera ser una alcachofa. Junto a tan extraña fruta se alzaba un andamiaje metálico y encaramado en lo más alto un hombre joven se dedicaba más a examinarles a ellos que a tan extraña criatura.

—¿Es una alcachofa?

Preguntó Carvalho.

—En efecto. Es una alcachofa.

A pesar de la distancia le pareció haber visto aquella cara en alguna parte. Aquella cara pertenecía a alguien famoso. Lebrun daba vueltas a la alcachofa y Claire había vuelto a sacar la máquina de fotografiar. Se la enseñó al hombre encaramado.

—Fotografía, tía, fotografía. Enróllate si te gusta. Al fin y al cabo será una escultura pública.

—¿Esto será una escultura pública?

91

—Yo la he hecho, que la pongan o no la pongan eso ya no es cosa mía.

Inició el descenso el escultor y al llegar al suelo se confirmó la presunción de Carvalho de que era uno de los artistas de moda de la ciudad, aunque no podía recordar su apellido. Marcial o Marisco, o algo parecido.

—¿Para las Olimpiadas?

—No. Me la ha pedido el Colegio de Humanidades para un congreso. Querían un monumento a la Verdad relativa.

—La alcachofa.

—La alcachofa.

Ratificó el artista, que pellizcaba su propia obra con los ojos parpadeantes por la luz cenital o por el sueño.

—La alcachofa es una hortaliza guapa. Le vas quitando hojas y la tía aguanta hasta que se queda en nada. Me hubiera gustado ser Dios para diseñar cosas así. ¿De qué tribu sois vosotros? Tú pareces una chica de *Vogue* de hace veinte años y estos dos son de cine.

Claire reía y al artista le gustaba cómo reía Claire.

—Buscamos a un griego que se llama Alekos.

—Tú tienes pinta de «madero». ¿Eres un «madero»?

—No. Soy el primo Anselmo, un amigo de la familia.

—Yo tengo un amigo pintor, muy buen pintor, que es un fanático de la poesía y se sabe un poema sobre un tal primo Anselmo.

—Seguro que no era yo.

—¿Cómo es el poema dedicado al primo Anselmo?

Le preguntó Claire.

—Yo recito con acento de perro perplejo.

—Me encanta el acento de perro perplejo.

—Tú no eres de aquí. Tienes acento extranjero. Pero te recitaré el poema. Una belleza, tía. Un poema surrealista de esos que te abren el cerebro con un gillette.

Ese jorobado
que se mete por la cerradura
clava alfileres en mis ojos
juega con tus nalgas tus senos
se orina en un libro de Mao
—parece ser el segundo tomo—
se come un faisán lacado
eructa y recupera el aire con la mano
mientras defeca lenta mansamente
sobre tu mousse de chocolate:

es el primo Anselmo
¿recuerdas?
Cómo no
Manolo me había hablado mucho de ti.

Carvalho consideró por un momento la posibilidad de preguntar el título del libro por si alguna vez se ponía al alcance de las llamas de su chimenea. Pero le molestaba el evidente interés que Claire manifestaba por el diseñador de alcachofas, al que ahora identificaba como el autor del extraño marisco que habían instalado en el Moll de la Fusta, un bogavante risueño que se alzaba sobre los chiringuitos como un monstruo de película japonesa de monstruos conscientes de su condición de cartón piedra.

—Le hemos preguntado por un griego.

—Hay un griego tirado por ahí, pero no sé dónde. Es pintor o era pintor.

—Alekos. Se llama Alekos.

Informó, preguntó Claire.

—Sí, creo que aún se llama Alekos.

—¿Qué quiere decir ese aún se llama Alekos?

—¿Qué eres tú de ese griego?

—Como si fuera su mujer.

—Está casi siempre en una fábrica abandonada de esta calle. No la utiliza nadie porque apenas tiene techo, pero queda algún rincón para guarecerse.

—La fábrica está cerrada y creemos que Alekos está dentro.

—Si está dentro no está solo. Siempre va con otro griego.

—¿Se llama Dimitrios, Mitia?

Terció Lebrun.

—Me parece que sí.

Carvalho se encaró con Lebrun.

—Esto es nuevo. ¿A cuántos griegos buscamos?

—A dos.

Le respondió Lebrun aguantándole la mirada. Carvalho regresó a por el artista.

—¿Hay manera de entrar en esa fábrica por otro lado?

El escultor estudió a Carvalho más que a su pregunta.

—No serás un «madero», pero preguntas como un «madero». No lo sé. La alcachofa me espera. He de entregarla antes de fin de mes y no me gusta esta prueba de fundición. Me la he hecho traer aquí porque fue en este espacio donde hice el cálculo de dimensiones en función de la maqueta. Pero hay algo en ella que no me gusta.

Y volvió a subirse a su andamio. Carvalho era el más impaciente por marcharse. Los otros dos habían perdido parte del interés que les había merecido el griego, sobre todo Lebrun que daba una y otra vez vueltas a la alcachofa gigante, como si tratara de ayudar al artista a encontrar la razón de su disgusto visual.

—Tal vez el tallo sea demasiado macizo.

—O es macizo o se la lleva el viento y tengo que ponerle cables, y eso no. Ya le puse un cable al bogavante del Moll de la Fusta y parece una *titella*.

—¿Qué es una *titella*?

Le preguntó Lebrun a Carvalho.

—Un títere.

Consiguió que Claire y Lebrun le siguieran, aunque el francés lo hizo con la cabeza vuelta hacia la alcachofa, evidentemente impresionado por su volumen y significaciones que secretamente descifraba. Cuando la perdió de vista, Lebrun se frotó las manos y proclamó:

—Hemos de recorrer nave por nave, metro por metro. Esto está lleno de locos, Carvalho. Habría que levantar los techos de estas zonas límites de las ciudades, estos espacios todavía de nadie y veríamos el ejército de la marginación creadora.

—No se haga demasiadas ilusiones. Todo esto no es un nuevo continente, sino una isla que se hunde.

—Alekos.

Dijo Claire con la voz estrangulada. Carvalho miró rápidamente alrededor, por si algo indicara la presencia del hombre, pero estaban de nuevo en la senda del laberinto y Claire se había limitado a recuperar la razón de su angustia.

—Hay que reencontrar a esa modelo, era la

que parecía más enterada de dónde puede estar Alekos.

—Hay que escoger el caserón del que salgan las mejores luces. Los modelos siempre están al lado de las mejores luces.

Opinó Lebrun y Carvalho le dio la razón.

Quedaban tres naves por explorar y la elección parecía fácil. Una estaba en sombras, en otra brillaba una macilenta luz amarilla y de la tercera salían resplandores azules de ficticio cielo iluminado por las estrellas más propicias. Fueron hacia allí por recorridos que parecían repetidos, pero nada más traspasar la puerta de un inmenso hangar fue como si atravesaran el muro invisible que separa las dimensiones desconocidas y penetraron en un mercado árabe donde las huríes danzaban en torno de tres caballeros de smoking, según las consignas de un hombre gordito encaramado a la plataforma de una cámara giratoria.

—Maribel, súbete los pechos.

—Es que no tengo.

—Que le metan algo a Maribel en los balcones. ¡A estas horas de la noche y aún estamos así! Y tú, Pep, de acuerdo con que no eres Fred Astaire, pero procura dar los pasos de claqué sin mirar al suelo... parece como si pisaras cucarachas. ¿Habéis matado ya a la familia de ratas que había en aquella esquina? No las quiero ver ni muertas. La botella. Los efectos de luz sobre la botella gigante. Que en cuarenta y ocho horas hay que hacer lo que no hemos sido capaces de hacer en dos semanas. ¿Cómo van esos pechos, Maribel?

—Es que no tengo.

—Pues opérate, chica, que te pongan dos balones de reglamento. Esos pechos, Paquita... Arréglale los pechos a Maribel. ¿Qué hacen ustedes en el estudio?

Desde sus alturas de Dios Padre había reparado en el trío recién llegado.

—Para hacer espionaje publicitario, se les entiende todo. ¿De qué agencia son?

—Estamos rodando un spot sobre caspa artificial.

El director primero se enfadó ante el comentario de Carvalho, pero luego le entró progresivamente la risa. Todos los figurantes del plató estaban pendientes de los recién llegados y la despechada Maribel acudió hacia ellos. Era la guía que habían conocido en el restaurante.

—Son amigos míos.

—Pues salúdales de tu parte y de la mía y vuelve al trabajo, joder.

Maribel se los llevó hacia el espacio libre que quedaba tras las cámaras.

—¿Qué pasa?

—El almacén está cerrado, o desde fuera o desde dentro. Si no está allí, ¿dónde puede estar?

—Está allí.

Lo decía como si Alekos no pudiera estar en parte alguna y ella misma captó la trascendencia de su tono y comprendió que no podía dejar a media luz a Claire.

—No te asustes, pero está bastante mal. Estuvo internado en un hospital y se marchó porque decía que de allí no saldría vivo. Ahora vive con ese muchacho en el almacén del que os hablé. Él apenas sale. Está allí. Lo más probable es que hayan atrancado la puerta por dentro. Los almacenes y las fábricas vacías son tierra de nadie y a veces funciona la ley de la selva.

—¿Si llamamos nos abrirán?

—No creo que os oigan. Viven en el otro extremo, en la otra punta. Podéis hacer algo más sencillo. Os metéis en el almacén de al lado... Pero será mejor que esperéis a que acabe esta toma y yo os explicaré cómo podréis entrar.

Volvió corriendo al plató y se dejó rellenar la pechera por la señora Paquita. Un ayudante de dirección dio las últimas instrucciones y la voz del director llenó desde los cielos pidiendo silencio y acción. Carvalho aguardó fascinado a que algo importante ocurriera, pero las huríes se limitaron a dar gasazos a los bellos caballeros y ellos fingieron patear el mundo a ritmo de claqué mientras a sus espaldas crecía una gigantesca botella de *Eau de Toilette* para hombre.

—¡Corten! ¡Mejor, mucho mejor! Otra toma más y basta. Tú, Ingrid, cuando le lanzas la gasa a la cara a tu pareja procura hacerlo con cariño.

—Es que es un hijo de puta.

—Pero eso a nuestro anunciante no le interesa y al público tampoco.

—Serás mía.

Proclamó el muchacho insultado mientras trataba de abrazar a una rubia alta y delgada. El director bebía directamente de una botella de Coca-Cola de litro que dejó sobre la plataforma, con cuidado, para que no se le alterara el contenido ambrosiaco. Repartió gritos e instrucciones por los cuatro puntos cardinales y se repitió la escena. A Carvalho le pareció exactamente igual que la anterior, pero el director estaba entusiasmado por el resultado.

—Por fin. Os ha costado, pero lo hemos conseguido.

La unidad de grupo quedó rota por el cansancio y las ganas de marcharse a casa. Maribel se puso un abrigo ligero sobre el traje de hurí y corrió hacia los recién llegados forzándoles a seguir su caminar y a saltitos sobre los zapatos de tacón. Salieron a la alta noche y Claire trataba de ponerse a la altura de la mujer mientras le preguntaba por la enfermedad de Alekos.

—Si quieres que te diga la verdad no lo sé muy bien y prefiero no saberlo. Era un tío muy majo y de pronto empezó a perder, perder. No quiero asustarte, pero prepárate para un espectáculo que no te gustará.

Salieron del laberinto a la calle donde insistía el protagonismo de los gatos y las ratas. La modelo abrió la puerta del almacén vecino a Skala y se adentraron en un ámbito que parecía haber sido depósito de material de la construcción. Se acercó a la tapia lateral izquierda y señaló el escalonamiento de restos de baldosas.

—Subiendo por aquí llegáis al borde del muro y es fácil saltar al otro lado, porque también allí hay restos abandonados. Tal vez al señor le cueste más.

Señalaba a Carvalho y la ironía llegó tarde para desagriar la respuesta del detective.

—Aún no me ceden el asiento en los autobuses.

—No quería molestarle.

—¿Usted no viene?

Preguntó Lebrun.

—No. No puedo. Me esperan mis compañeros y yo no he traído coche, pero ahora les resultará fácil. Busquen con paciencia. Esto es muy grande y a ellos les gusta esconderse.

Besó las mejillas de Claire y se dejó retener por los brazos de la muchacha.

—¿Tan mal está?

—No lo sé, parece estar muy mal. La verdad es que hace días que no se acerca por el bar de la plaza y Mitia es muy huidizo, como si no quisiera hablar con nadie.

Lanzó un beso con los dedos a Carvalho y Lebrun y se marchó por donde había venido, como una muñeca tintineante engullida por la noche. Lebrun parecía preocupado por la faceta gimnástica de la expedición.

—¿De verdad quieres ir ahora, Claire?

—¿Cuándo, si no?

—Mañana, temprano. Esto me parece especialmente macabro. No se ve ni una luz. ¿Cómo vamos a buscarlo? ¿Palpando?

—Tengo una linterna de bolsillo.

Avisó Carvalho.

—Aunque no hubiera linterna de bolsillo. He esperado este momento durante meses. Necesito terminar esta historia, ¿no lo comprendes? ¿Acaso tú no la necesitas terminar también?

—Tranquila... vayamos.

Claire retenía a Lebrun cogiéndole una manga con una mano.

—No digas nada, no hagas nada... ¿entiendes? Todo según lo convenido.

—¿Todo?

—Todo.

Ahora miraban a Carvalho como si les estorbara, pero apreciaron la linterna en su mano y se resignaron a su compañía. Fue ella la primera en trepar y asomarse al patio del almacén vecino.

—No es tan fácil.

Advirtió desde su posición.

—Deberías saltar antes tú o el señor Carvalho.

Los dos hombres llegaron hasta su altura y la linterna de Carvalho descubrió un salto de más de tres metros, apenas suavizado por un fondo de cajas de cartón amontonadas al pie de la tapia.

—Yo soy bastante elástico.

Informó Lebrun. Cabalgó sobre el borde de la tapia, lo asió con las dos manos y dejó caer el cuerpo hacia el otro lado, balanceándose desde el sostén de las manos y buscando con la punta de los zapatos un punto de apoyo para preparar el salto de espaldas. Por fin pareció encontrarlo, se dio impulso con los riñones, soltó las manos y se dejó caer. La linterna lo descubrió sentado sobre las cajas de cartón. Si se había hecho daño, su rostro impasible no lo demostraba.

—Es su turno, Carvalho.

Pidió Lebrun y Carvalho repitió los movimientos del francés. El borde de la tapia era de arenisca dura que le despellejó la palma de las manos en cuanto trató de aferrarse a él para soltar el cuerpo hacia el vacío. Le dolían las manos y había sentido una sacudida dolorosa en los sobacos, por lo que se soltó más por huir del dolor que para terminar el movimiento iniciado. Lebrun le dio un empujón suave y amortiguó su caída y Carvalho se encontró perniabierto y sacudido por el golpe sobre un colchón insuficiente de cajas de cartón podridas. Se puso en pie con el cuerpo dolorido y se situó junto a Lebrun para recibir a Claire. La linterna descubrió dos piernas desnudas, bien llenas, como badajos de la campana de la falda y la muchacha cayó como un paracaídas sobre los cuatro brazos de los hombres. Nunca la había tenido Carvalho tan cerca y recibió el impacto de carne prieta y aroma de patria al amanecer que sus ojos habían presentido desde el primer momento que la vio y que ahora había podido comprobar, palpar, sentir entre sus brazos, en aquel abrazo funcional compartido con Lebrun que se despegó del grupo en cuanto Claire estuvo segura. En cambio Carvalho retuvo el abrazo y la cara de Claire se levantó hacia sus ojos. No era de ironía ni de promesa, su mirada. Tal vez de sorpresa y también de amable disuasión. Luego recuperaron el movimiento descendiendo por la loma de cartón. La mujer abrió la marcha hasta que se metieron en la única e inmensa nave que ocupaba casi la totalidad del solar. Entonces Carvalho empuñó la linterna y les precedió ofreciéndoles con la luz el relato de todos sus descubrimientos dentro de aquel ábside industrial que en la oscuridad parecía revestido de la ambigüedad de una iglesia románica sumergida. A pesar de que el edificio era una unidad, estaba muy compartimentado y recorrieron habitaciones preparatorias de usos que desconocían, pero en su búsqueda adquirían el sentido de morosa iniciación de su hora de la verdad. Balas de tejidos sucios, de borras y de cordeles, papeles de contabilidades ya inútiles, calendarios de comienzos de los años sesenta, lámparas de metal sin bombilla, cables eléctricos trenzados, damajuanas destapadas y obscenas cubiertas de polvo y telarañas, animales furtivos corriendo hacia las más ocultas oscuridades y el haz de luz como una pluma estilográfica escribiendo un inventario de ruina y naufragio. De pronto la zona compartimentada daba paso a una gran nave central de cuyo techo aún colgaban poleas y ambiguos engranajes para procesos de trabajo definitivamente muertos.

—Es como penetrar en una gran pirámide de la civilización industrial.

Musitó Lebrun, pero ni la mujer ni Carvalho le secundaron el comentario. Desde el centro de la nave, la luz de la linterna recorrió detalladamente todas las geometrías posibles del suelo, las paredes y el techo de su entramado férrico. Nadie y casi nada, pero aún se adivinaban otros recintos, antes de acabar el recorrido y por una pequeña puerta final pasaron al pie de una escalera que se encaramaba hacia un altillo. Fue al pie de esa escalera cuando Claire gritó por primera vez.

—¡Alekos!

Y los dos hombres se quedaron quietos, para que sus movimientos no entorpecieran la posibilidad de una respuesta. Les pareció oír la sombra del ruido de vida, allá en las alturas, pero no tenían suficiente luz para mirarse y corroborarlo, ni ganas de hablar para comunicar sus impresiones. Carvalho empezó a subir la escalera con la linterna en ristre y llegaron ante una puerta que parecía atrancada desde detrás con un objeto apuntalador.

—¡Alekos!

Volvió a repetir Claire y no hubo respuesta, ni esta vez siquiera la impresión de sombra de ruido de vida. Carvalho lanzó su cuerpo contra la puerta y el ruido de la madera al desgajarse y del palo atrancador al troncharse llenaron de escándalo y amenaza los silencios sedimentados en la gran nave. Cuando se evaporaron los últimos ecos y ellos recompusieron el gesto, más allá del rectángulo abierto vieron un pasillo y del fondo les llegó un murmullo sofocado por el miedo o la prudencia. La claridad abierta por la linterna de Carvalho fue ocupada por la figura rotunda de Claire que quiso ser la primera en llegar al final de la aventura y Carvalho tuvo que bajar la linterna para iluminarle el camino desde detrás. El pasillo desembocaba en un cruce de caminos, pero los ruidos sofocados se adivinaban a la derecha y hacia allí fue Claire penetrando en una habitación final en la que una alta ventana metía claridades de luna de pronto vencedora de las nubes. Y a aquella claridad ya se percibían los dos bultos acurrucados contra la pared y luego la linterna les acosó durante el tiempo necesario para describirlos, sorprenderse, aterrarse, apiadarse. Allí estaba el hombre de la fotografía, lo que quedaba de él, y a su lado un muchacho maltratado por causas que no tuvieron tiempo de explicarse. Alekos era un esqueleto vestido y de su rostro calavera emergían dos ojos agrandados por la pequeñez de su restante biología destruida y sus labios musitaban el nombre de Claire y Georges, les preguntaba si eran ellos, como si pudieran ser otros. En cambio, a su lado, el muchacho sonreía y parecía impaciente, como si hubiera aguardado durante mucho tiempo aquel encuentro que podía ser una liberación.

—Alekos.

Dijo Claire.

—Mitia.

Dijo Lebrun.

Y entonces Carvalho comprendió que la muchacha y Lebrun no buscaban lo mismo. Pero no era su misión ahora comprender, sino facilitar el encuentro manteniendo la luz de la linterna sobre los hallazgos. Claire avanzó y tapó con su cuerpo el de Alekos semiincorporado desde el suelo. La luz de la linterna paladeaba la silueta de la mujer, hasta que se inclinó para oír sólo ella lo que decían los labios de Alekos. Mitia, Lebrun, Carvalho se habían convertido en convidados de piedra y durante minutos prosiguió aquella sofocada confesión, secundada por una mano de Claire que acariciaba, como descubriéndola, la cara del hombre caído. Nadie se atrevía a meterse en aquel territorio sentimental prohibido, e incluso en un momento dado, ella se volvió airada contra la cruda luz de la linterna y Carvalho la apagó mascullando una disculpa que sólo él oyó, y tal vez Lebrun que asistía a su lado a la escena, dominado por un repentino y total abatimiento. Y así estuvieron minutos y minutos, sin hablar, sin moverse, respetando la campana del tiempo y silencio que protegía la conversación entre Claire y el hombre de su vida. Por fin Claire recuperó la estatura y permaneció unos segundos ensimismada, luego volvió a acariciar el rostro de Alekos y dio media vuelta para reencontrar a Lebrun y Carvalho. Apartó a Lebrun y lo sumergió en un ángulo oscuro donde dialogaron en voz baja. Dialogaron casi tanto como callaron y a veces incluso llegaron al borde de una discusión, pero entonces era ella la que abrazaba a Lebrun, le pedía algo que podía ser comprensión y de nuevo reencontraban el camino de la confidencia. Por fin terminaron de parlamentar y regresaron junto a Carvalho. Fue Claire quien tomó la iniciativa.

—Nosotros nos quedamos.

—Puedo esperarles fuera, el tiempo que haga falta.

—No, usted se va y nosotros nos quedamos.

Era una orden y algo crispada. Lebrun tomó

por un brazo a Carvalho y le invitó a que le acompañara fuera de la habitación. Cuando llegaron al cruce de pasillos, el francés dijo:

—Discúlpela, está muy conmocionada y realmente todo lo que usted podía hacer ya lo ha hecho y muy bien, muy rápido, asombrosamente rápido.

—Ha sido relativamente sencillo. Para encontrar vagabundos hay que recurrir a vagabundos.

—No queremos molestarle, pero usted ya ha terminado. Ahora es cosa nuestra.

—Comprendo.

—Le acompañaré hasta la salida.

—Puedo encontrarla solo.

Pero adivinó que el otro necesitaba comprobar su marcha y se dejó acompañar con el pretexto de que después le dejaría la linterna para cuando decidieran abandonar el lugar. Lebrun le siguió hasta que salió de aquel ámbito, una vez desatrancada la puerta principal de un madero cruzado que impedía el acceso desde fuera.

—Tenga la linterna. Van a necesitarla cuando salgan de aquí. Me la devuelven cuando vengan a arreglar las cuentas.

—Incluiré el precio de la linterna en la minuta. Le mandaré un cheque. Probablemente no volvamos a vernos.

Carvalho estaba desconcertado y algo le dolía en el pecho. No era quedarse a oscuras sobre el final de la historia, sino saber que ya no volvería a ver a Claire.

—Tal vez sería necesario...

—No tendrá queja del cheque. Adiós, señor Carvalho.

Y le tendía una mano que le expulsaba. La

aceptó Carvalho y cuando recuperó la soledad se hizo reproches a sí mismo por la muestra de dependencia que había dado en el último momento, como si hubiera sido un niño indígena encariñado con los dos turistas franceses y bruscamente apeado de la estatura de guía de los hombres blancos, de guía de la mujer blanca. Hay rincones de adolescencia sensible que permanecen escondidos en el espíritu y emergen cuando menos te los esperas, se dijo Carvalho, necesitado de un buen trago de reserva de Knockando y del tacto propicio de sus sábanas, precisamente de sus sábanas, tan sabias de los vencimientos y necesidades de su cuerpo. Apretó el paso para recuperar la zona domesticada de Pueblo Nuevo y cuando encontró un taxi dudó en pedirle que le acompañara a donde tenía el coche aparcado o que le llevara directamente a su casa, a Vallvidrera. Tenía urgencia de sábanas, sueño y whisky y optó por la segunda solución y cuando llegó a su casa llenó la bañera de agua caliente y se sumergió en un baño limpiador de todas las oscuridades, telarañas y premoniciones de muerte de aquella noche. Muerte. La palabra se descompuso en todas sus letras y la M le bailó por la cabeza sumergida en el agua jabonosa, hasta que la sacó y le pareció acceder a la limpieza absoluta, por dentro y por fuera. En lugar de la poderosa M estaba la poderosa cabeza sonriente de Claire, aquellos labios carnales e irónicos, aquel tono de piel de fruta, la melena melosa y una vez más se dijo que la excepción confirmaba la regla de su vida, sus trabajos y sus días, su Biscuter y su Charo y el pobre Bromuro, tan muerto. Controlaba los puntos cardinales de su casa y se le desvaían los límites del mundo de ruinas que había recorrido aquella noche. Pero no podía olvidar del todo aquella selección espontánea que Claire y Lebrun habían evidenciado cuando se encontraron con los dos hombres.

—Alekos.

Dijo ella.

—Mitia.

Dijo Lebrun.

¿Por qué? ¿Para qué? ¿Qué estarían haciendo ahora entre tinieblas? ¿Qué historia se contarían? ¿Qué historia construirían entre aquellas paredes de ruina para hacer posible el futuro? Necesitó tres whiskys para sentirse relajado y envuelto por la propuesta del sueño. Sus sábanas le ayudaron. Estaban recién cambiadas y al día siguiente estarían hechas a la medida de su sueño profundo pero agitado.

Cuando se despertó lo hizo con el propósito de llamar a Charo y demostrarle que le era necesaria, como cualquier marido redescubre a la esposa cuando fracasa en aventuras reales o imaginarias. Era la prolongación de un sueño que reproducía la búsqueda de la noche anterior, en el que Charo aparecía como cuarto miembro de la expedición, aunque tanto Claire como él la ignoraban, Claire con una ceguera total hacia su presencia, en cambio él desde la mala conciencia de quien no quiere admitir al peor de los intrusos. Pero Charo trataba de imponer su presencia, incluso de ser útil, de dar opiniones sobre la mejor manera de encontrar a Alekos, como si conociera la historia y se sumara con el mejor de los propósitos constructivos. De vez en cuando Lebrun le daba conversación y Charo, aunque alegre por la deferencia, no tenía ojos para él, sino para que Carvalho asumiera su presencia. Obstinadamente, se pasó todo el sueño no aceptando que Charo iba con ellos. Contestando sus observaciones como si las hiciera Claire, Lebrun, él mismo. Pero cuando regresaba de la aventura, por un paisaje de escombros estilizados, era Charo la que iba junto a él y hablaba, hablaba, hablaba haciendo un balance no memorizable de todo lo sucedido. Era el tono de un balance, pero ¿qué decía realmente Charo en el sueño? Algo de dinero, porque de pronto empezó a preocuparse por el cheque. O tal vez sobre la visibilidad, porque Charo y el cheque fueron sustituidos por la linterna. Le molestaba desprenderse de sus objetos hasta el punto de almacenarlos cuando eran inservibles. ¿Igual hacía con las personas? Aquella linterna había vivido excelentes momentos en el fondo de los bolsillos de sus chaquetas. Cientos y cientos de veces había muerto con las pilas agotadas y cientos y otras cientos la había hecho revivir cambiándole las pilas, probándola como fuente de luz, emitiéndole ella la señal de su resurrección con la satisfacción de todo objeto que funciona. Se la imaginó abandonada en aquel paisaje en ruinas, a la espera de la piqueta o de la excavadora que abría las carnes de la vieja Barcelona para dar a luz una nueva ciudad que sepultaba buena parte de su mejor y su peor memoria. Probablemente Claire y Lebrun la habrían arrojado sobre un montón de escombros en un panorama en el que no escaseaban. Y ni siquiera habrían elegido unos restos dignos para el penúltimo reposo de su linterna. ¿Qué era aquella barra de nada para ellos? En cambio, en las palmas de las manos de Carvalho la linterna había dejado su textura, el volumen de su doble vida. Desde su abandono, el objeto habría contemplado la marcha de aquella extraña comitiva, esperando que Carvalho regresara para salvarla, para devolverle su sentido. La linterna no se merecía aquel final y se indignó consigo mismo por haberla dejado tan implacablemente, desde el egoísmo del amante que quiere dejar cerca de Claire algo que le pertenece, que ella va a tocar necesariamente, que prolongaba su presencia en el aquelarre.

Entre llamar a Charo y hacer cualquier cosa, optó por hacer cualquier cosa. Remoloneó por la casa, por el jardín tratando de aliviar desastres de ausencias y olvidos, sin coche y sin ganas de bajar a Barcelona y afrontar o la realidad del final del caso del griego perdido o la urgencia de la ninfómana señorita Brando, su padre, su hermano, la madre que la parió. Llamó por teléfono. Biscuter le informó que sobre la mesa del despacho le esperaba un sobre con el remite del Avenida Palace y unas letras de mosca al servicio de un escueto subremitente: Georges Lebrun.

—Ábrelo.

Un cheque de doscientas cincuenta mil pesetas. Por dos días de trabajo. Tuvo que admitir que aun quedaba generosidad en el mundo o quizá, simplemente, la eficacia de la mala conciencia de Lebrun. ¿Sólo de Lebrun? Doscientas cincuenta mil pesetas por dos días de trabajo, sin otro saldo negativo que la piel de las manos algo maltratadas, agujetas en los sobacos y un dolor liviano en el corazón cada vez que recordaba a Claire. Invitaría a Charo a almorzar y al cine. A lo que ella quisiera. Él elegiría restaurante y ella la película. Pasada la tormenta inicial Charo no sería muy exigente, ni pediría demasiadas explicaciones por días y días de olvido, ni siquiera paliados por una llamada telefónica. Ella intuiría tal vez el cruce de una sombra probablemente femenina, por los ojos de Carvalho, una sombra más en su ya de por sí sombrío, residual afecto, pero gozaría de la comida, del cine, de la recuperada compañía, fingiendo excesivos temores y alegrías por encima de una tristeza y un temor concreto, para abrazarse a Carvalho en cuanto tuviera ocasión y pedirle una protección imaginaria. O no tan imaginaria. Pero el mal oscuro proseguía su trabajo y Carvalho volvió a esconderse en la soledad de su casa, allá en las alturas, con el cerebro lleno de imágenes rotas de una ciudad, de aquella ciudad, de su ciudad y de tan extraños visitantes. Y el griego. Los griegos.

—Alekos.

Dijo ella.

—Mitia.

Dijo Lebrun.

Los dos al final de un laberinto o de lo que parecía el final de un laberinto descubierto con la colaboración de su pobre linterna. No. De momento no llamaría a Charo, pero necesitaba hablar con alguien y telefoneó a su vecino, el gestor Fuster, por si aún estaba en casa. No estaba. Pero sí en su despacho de abogado, tan sorprendido como Charo por el repentino recuerdo de Carvalho.

—¿Estás enfermo?

—El cuerpo me pide guisar, comer lo que he guisado con alguien que sepa apreciarlo.

—Para eso estoy yo.

—Cenar. Dame todo el día para hacer algo difícil, planearlo, buscar lo que me falta, probarme a mí mismo.

—He de elegir entre la Orquesta Ciudad de Barcelona dirigida por nuestro común vecino Blanqueras o lo que tú guises.

—No quiero ser instrumento de la barbarie. Te esperaré. ¿Qué tal como entrante una base de pirámide de berenjena frita y sobre ella una espesa salsa de tomate y anchoas y un huevo escalfado y salsa holandesa y una cucharada de caviar? La pregunta se la hizo a sí mismo cuando vio que en la nevera aún le quedaba una lata de caviar de cincuenta gramos, los suficientes para repartir dos copiosas y generosas cucharadas sobre los huevos falsamente marmorizados. Tenía mantequilla para una salsa holandesa para dos y unas gambas congeladas con las que tramar un caldo espeso de marisco con el que diluir y aromatizar la salsa holandesa. ¿Y de segundo? Revolvió los ahorros congelados de su nevera y lanzó un eureka cuando descubrió que aún le quedaban restos de telilla de hígado con los que poder envolver cualquier farsa. Ni siquiera necesitaba salir de casa, era casi autosuficiente y fue inmensamente feliz cuando lo descubrió. En las dos horas que le faltaban hasta el mediodía, hizo el caldo corto de marisco con las cabezas de las gambas, zanahorias, restos de un apio macilento, ajos, un puerro que ya casi parecía una cebolleta momificada. Trituró toda la cocción, la pasó por el chino, le subió el tono con un vaso de vino blanco,la redujo a fuego lento hasta conseguir casi una crema. Paralelamente iba haciendo el relleno, una pechuga de pollo, un pie de cerdo previamente cocido y deshuesado, la carne de unas costillas de cerdo que había guardado para hacerse unos fideos a la cazuela, cebolla, tomate, una cabeza de ajos, un ramillete de hierbas aromáticas que tenía por el jardín, la salvia la mejor conservada, la mejorana patéticamente abandonada por cualquier riego, el laurel con las hojas secas propicias al pie de su propia exuberancia verde. Las hojas amarillas, muertas del laurel le devolvieron el recuerdo de la linterna. Bien regado con coñac el guiso y luego flambeado, esperó a que se enfriara para retirar las carnes, picarlas, añadirle miga de pan con huevo y trufa y reservó el fondo para la salsa final. Enfriado el picadillo, extendió la telilla sobre el mármol de la cocina y obtuvo cuatro retales rectangulares, en cuyo centro colocó un montón de farsa. Consiguió cuatro paquetitos de delicias futuras, los enharinó y los frió lentamente en un aceite no demasiado caliente para que no se rompiera la telilla. Poco a poco los hatillos iban adquiriendo color y forma de falsos pies de cerdo deshuesados. Mezcló grasas y fondos resultantes con los que había reservado de guisar las carnes ya metamorfoseadas en su final feliz de farsa y sobre ese fondo sofrió verduras, añadió caldo de carne, más vino blanco y coñac para pasar por el chino tanto trabajo y obtener una salsa espesa destinada a ser la charca oscura donde los cuatro envoltorios se instalaron con la precisión de un cuarteto agradecido. Ya estaba el segundo plato al completo. Fritas una vez enharinadas las berenjenas base de la pirámide, obtenida la salsa de tomate, el caviar en su lata, pendiente el huevo escalfado y la salsa holandesa marisquizada al momento de la llegada del gestor melómano y eran las siete, casi las siete en punto de la tarde. ¿Por qué no un postre? Sobre todo teniendo en cuenta las críticas de Fuster por su desdén hacia los postres, fruto de una mala educación sentimental gastronómica, llena de platos hondos y únicos o de añoranzas de proteínas inasequibles. Recordó la simplicidad de los postres populares de origen italiano, frente a la obviedad de la repostería equivalente española, en la que con harina, almendra y huevo se resuelve el expediente de cinco mil variedades de dulcería.

Recurrió pues a un libro, algo tenso porque se trataba de un libro de cocina, uno de los pocos saberes inocentes que respetaba y con ellos a su vehículo transmisor, el libro *Talismano della felicità*, la biblia de la divulgación culinaria italiana, de la especialista Ada Boni, un regalo que había recibido de un matrimonio hispano-italiano con el que había trabado conversación sobre cocina e imperialismo en un vuelo Roma-Barcelona. Incluso se lo habían dedicado: del matrimonio Corti-Pellejero a Pepe Carvalho después de una conversación difícil. Hubo coincidencia entre la primera página que abrió y lo que le permitía realizar su reserva de alimentos otoñales. Suflé de castañas. Las había comprado por ritual y por nostalgia, en recuerdo de aquellos tiempos en que su madre asaba las castañas en una sartén vieja agujereada, todavía en el fuego de carbón mediocre de posguerra o de bolas de polvo de carbón, a la luz del carburo, aún a ciegas eléctricas en aquel barrio de la ciudad vieja ahora amenazado por las buenas y malas intenciones de la posmodernidad. Y junto a las castañas asadas en una sartén reconvertida, los *panellets* de boniato, única materia prima de dulcería al alcance de todos los españoles. Mis recuerdos no me sobrevivirán, se dijo Carvalho y silbó un tango para luego cantar una letra improvisada:

> *La memoria se fue con otro*
> *y me ha dejado juguete roto*
> *lleno de llantos lleno de mocos*
> *en un rincón.*

No fue más allá del estribillo mientras preparaba la base del futuro suflé. Cocidas las castañas, despellejadas concienzudamente, sometidas al pasapurés, pasaron a una pequeña cacerola de donde recibieron el bálsamo de la mantequilla, una cucharada de chocolate en polvo, dos cucharadas de azúcar, todo bien mezclado con una espátula de madera, que seguía removiendo la mezcla a un fuego lento, perfumada con unas gotas de vainilla líquida. Ya estaba obtenido el lecho para el añadido de las claras batidas y el futuro crecimiento mágico del suflé. La mezcla obtenida la dejó en una terrina de barro refrectario, barro leonés o zamorano, el que mejor retiene los calores obtenidos. Hasta que llegara Fuster y casi estuviera ultimada la cena, el suflé permanecería en el sueño de los justos. Eran las nueve de la noche. ¿Por qué no había intentado localizarle en casa? ¿Charo? ¿Claire? ¿A qué hora acabaría el concierto? A una hora discreta, porque la cultura equilibrada no puede imponer normas de vida desequilibradas. En efecto, dormitaba, cuando a las diez y media de la noche llamó Fuster a su puerta. Iba vestido de gestor y abogado que va a un concierto, incluso pudo atribuirle una bufanda de seda o ¿cuando es de seda deja de ser bufanda? Fuster escuchó la propuesta del menú con falsa imperturbabilidad y arqueó una ceja cuando Carvalho le prometió un suflé de castañas como postre.

—En esta casa se empieza a comer bien.

Puso Carvalho al fuego una cacerola con agua y vinagre y al empezar la ebullición cascó dos huevos y arrojó su contenido en las bullientes y avinagradas aguas. Agitó la cacerola para que la melena blanca de la clara montase la yema y a los tres minutos se valió de una espumadera para pasar los huevos a una fuente honda llena de agua fría donde terminó de producirse la transustanciación marmórea. Mientras tanto utilizó las mismas aguas bullientes donde los huevos habían pasado del crudo al semicocido, como vapor para una cacerolita en cuyo fondo trababa mantequilla, yemas de huevo, sal, pimienta y media cucharadita de zumo de limón para conseguir una espesa holandesa. La retiró del fuego, le añadió cucharadas de caldo concentrado de marisco hasta obtener el sabor y la textura que decidió conveniente y empezó a construir en cada plato la pirámide. Debajo la berenjena, sobre la berenjena la salsa de tomate y las anchoas, a continuación el huevo escalfado con las faldas de clara cocida recortadas, sobre el huevo un generoso baño de salsa que impregnó la pirámide y sobre la salsa una cucharada de caviar iraní, gelatinoso, aterciopelado, definidor y definitivo. Comió Fuster barrocamente aquella barrocada. Barroco era su éxtasis ante cada aportación del tenedor, barrocos sus comentarios.

—Maravilloso el juego de texturas y la mezcla de sabores fundamentales: ácidos, dulces, salados. Y este acento del caviar, como un acento esdrújulo sobre una palabra llena de sílabas y de satisfacciones finales aplazadas.

—Barroco estás.

—Es que como bien.

Fue algo crítico en cambio con los pies rellenos, en los que echó en falta alguna guarnición.

—Setas, por ejemplo.

Pero Carvalho fingió preocuparse por el estado del suflé que subía y se doraba por el prodigio del atormentado crecimiento de las claras batidas, empujando hacia falsas esperanzas de huida la timidez del puré de castañas. Sobre la mesa botellas de cava brut nature de Recadero y vino tinto Valduero tan vacías que habían perdido el alma en los estómagos de Fuster y Carvalho. Con el suflé de castañas sirvió Carvalho un licor corso de castañas refugiado desde hacía años en los interiores de una botella de cerámica.

—Las carreteras de Córcega están llenas de cerdos oscuros. Parecen salvajes, pero al atardecer vuelven a casa hartos de castañas. Estuve allí hace demasiados años. Cuando quise despedirme de mi libertad de viajar. Un día volveré. He de empezar a seleccionar los lugares a donde quiero volver.

—¿De qué va esta vez?

—¿A qué te refieres?

—Cada vez que me invitas a cenar en realidad te estás desafiando a cocinar y cuando tú cocinas es que estás neurótico, obsesionado por algo que no digieres bien.

—Me gusta demasiado una mujer y no me gusta que me guste demasiado una mujer. La otra noche, mientras la seguía en una extraña operación de caza, de pronto quise que se quedara conmigo para siempre, que cambiara su vida, que cambiara mi vida. Me irrita sentirme vulnerable, aunque sea durante cuarenta y ocho o durante setenta y dos horas. Ella se ha marchado o se marchará pronto y me deja hecho un adolescente, un viejo adolescente con los colmillos bailones y frustrados.

—La última vez que estuve enamorado fue más o menos cuando estrenaron una película de Lee Marvin, Jean Seberg y Clint Eastwood... *La leyenda de la ciudad sin nombre*. Hace veinte años.

Casi. He de hacer excavaciones arqueológicas en mí mismo para encontrar los restos de aquella sensación. Recuerdo la película porque mostraba un *ménage à trois* en el que el viejo pierde finalmente la partida.

—Hace veinte años tú no eras viejo.

—Tengo casi tu misma edad. Pertenecemos a esa clase de tipos que a los dieciocho años ya tienen cuarenta y luego les cuesta cuarenta años cumplir cuarenta y uno. Es consecuencia de la madurez de la posguerra.

—Me siento tan inseguro que hasta escribiría poemas.

—¿Y Charo?

—Por favor.

—Bebamos algo enérgico que nos devuelva la musculatura de Superman.

Buscó Carvalho en sus reservas etílicas y volvió al comedor con una botella de aguardiente Mirambel. Fuster apuraba un tazón de café.

—Hay que abrir camino a los alcoholes definitivos. Este café es muy bueno. Nunca me habías ofrecido café bueno en una cena.

—He decidido completar mis saberes inútiles y me da clases un cafetero de la plaza Buensuceso. Tiene un establecimiento que se llama La Puertorriqueña y me ha preparado mezcla de ochocientos gramos de café colombiano de primera y doscientos de torrefacto dominicano.

—Llega un momento en que el saber ocupa lugar. Feliz tú que no lees y no tienes que almacenar ya el saber de los otros. Deberías volver a leer.

Carvalho fingió escupir, pero Fuster ya estaba recitando en francés.

—*Cher moi!, le meilleur de mes amis, le plus*

119

*puissantes de mes protecteurs, et mon souverain
le plus direct, agreez l'hommage que je vous fait
de ma dissection morale: ce sera tout a la fois un
remerciement pour tous les services que vous
m'avez rendus, et un encouragement à m'en
rendre de nouveaux...* ¡Qué lucidez, la de Restif de
La Bretonne, un hombre del xviii que sabía inves-
tigar sobre sí mismo! Me estoy leyendo la colección de La Pléyade. Me la he comprado toda, todo
lo que me faltaba, y me he suscrito a los títulos
venideros hasta mi muerte. He dejado a mis parientes el encargo de si en mis últimos días soy
incapaz de leer, que me lean ellos en voz alta.
¿Conoces a Restif de La Bretonne?

—No tengo el gusto.

—Escribió una obra dieciochesca espléndida,
Monsieur Nicolas. Era un espíritu ilustrado y
disciplinadamente anarquista. Puede ser pues un
punto de referencia en estos tiempos de confu-
sión. ¿Se puede ser otra cosa que un espíritu
ilustrado disciplinadamente anarquista? ¿Se puede desear ser otra cosa?

—Me gustaría aprender a vivir desnudo de mis
memorias, de todas mis memorias, desde las más
antiguas a las más inmediatas.

—Basta con dosificarlas. Hay quien dice que
en el cerebro aún tenemos todas las memorias de
la evolución, de cuando éramos peces, luego anfi-
bios, luego reptiles.

Siguió recitando Fuster fragmentos, cada vez
más alejados de sus últimas lecturas, y Carvalho
desconectó cuando el innoble erudito se puso a
declamar poetas italianos del Renacimiento y entre ellos un poema sobre la sífilis en latín de un tal
Fracastoro. La botella de aguardiente iba mim-

bando a medida que la cultura del recital de Fuster se oscurecía o quintaesenciaba. Cansado de verbalizar o definitivamente nublada su frente, Fuster contempló a un Carvalho que trazaba ríos de aguardiente sobre la mesa con dedos juguetones.

—Enric, nos escondemos detrás de las palabras.

Fuster se levantó vacilante.

—La cena exquisita y antropológica a la vez. Regreso a mis aposentos.

Pero Carvalho no tuvo fuerzas para acompañarle hasta la puerta. Ya había usado a Fuster como siempre para escucharse y se hizo un sitio para los brazos y la cabeza sobre el tablero lleno de restos de festín de manjares y la sombra invisible del festín de palabras. Se durmió hasta que los músculos de la espalda le exigieron mejorar la postura. Se rellenó de agua fría el cuerpo botella y lo dejó caer como un odre húmedo sobre la cama. Amaneció sin resaca, porque todo lo que bebimos era bueno y todo lo que hablamos era inútil, se dijo, y tras una ducha reclamó un taxi por teléfono, y durante el vacilante descenso añoró su coche que bajaba de memoria las rampas de Collcerola, la sierra sitiada por las obras de cinturones y túneles vulneradores de las coordenadas de su ciudad. Ya en las Ramblas quiso recuperar toda la realidad aplazada y compró varios diarios, incluso los leyó, sobre todo *El Periódico*, empeñado en informarle del hallazgo de un cadáver en Pueblo Nuevo. Un súbdito extranjero, muerto de sobredosis. Los ojos de Carvalho juguetearon con la información y el pensamiento se le detuvo. Un súbdito extranjero. Muerto de sobredosis. Pueblo Nuevo. Ninguna referencia concreta. Ni un nombre. Ni iniciales. Alejó la tentación del pensamiento excesivo, pero Biscuter, casi en la puerta del despacho, le devolvió todo lo que había vivido dos noches atrás, detalle a detalle.

—Jefe, el inspector Contreras ha enviado a uno de sus chiquillos. Quiere verle. Por si acaso me han estado sonsacando, con el aliento en la nariz, es decir, con malos modos, jefe, que para esta gente uno siempre es el que tienen en la ficha, en ese fichero que llevan tatuado en los cojones, porque de los cojones les salen las fichas, jefe. Y mister Brando, perdón, jefe, el señor Brando, que está muy mosca, que quiere rescindir el contrato, que no sabe nada. Y Charo, jefe, la señorita Charo que dice que usted se enterará de todo por carta.

—¿De qué me voy a enterar yo, Biscuter?

—De lo que vale un peine, me ha dicho la señorita Charo, que sólo hace que llorar y gritar.

—¿Los de Contreras que querían? ¿Por qué tanto acoso?

—Me han hablado de un griego. Del griego ese. Yo no he dicho ni mu. ¿Es verdad que ha muerto?

—Es posible. Llama a mister Brando y dile que estoy en lo suyo, que estoy atando cabos. ¿No ha llamado nadie más?

—No.

—¿No te has movido de aquí?

—No. Ella no ha llamado.

Ella no había llamado, hasta Biscuter sabía de qué mal se estaba muriendo, y bien para aplicarse una cura de urgencia, bien porque necesitaba distanciar todo lo ocurrido, Carvalho recuperó las notas del caso Brando y tras aquel ángel desnudo ensartada en la verga de un viejo reaparecieron los rostros de su padre, de su madre, el gimnasta y la cara vacía del hermano virtuoso, aposentado y bíblico. Hacía una excelente mañana para entrevistarse con hermanos bíblicos y buscó entre sus notas la dirección de José Luis Brando, director gerente de Ediciones Brando, S. A.

—Es un traidor que quiere vender la empresa al capital extranjero.

Le había advertido el padre.

—Tiene dos cerebros. Uno en lugar del corazón y el otro en el sitio normal.

Le había advertido la madre.

La editorial era de nueva planta, parecía fruto del diseño de un arquitecto importante y tenía tanto zaguán que allí podrían almacenar todos los libros que Fuster hubiera podido leer a lo largo de una vida y todos los que Carvalho hubiera podido quemar en el mismo periodo. Las muchachas de la recepción iban vestidas de azafatas de nave en el espacio y las puertas de cristal se deslizaban como si flotaran en una burbuja ingrávida. Aquí y allá aparecían fotografías gigantescas de los autores de la casa con el rostro granulado por la retícula desmesurada y Carvalho sólo reconoció algunos rostros impuestos por su memoria o por los medios de comunicación. Le pareció reconocer a algunos autores que habían pasado por su chimenea crematoria y no tuvo el menor asalto de remordimiento. Al fin y al cabo había comprado sus obras. La muchacha que le atendió tenía cierta dificultad en modular las palabras, tal vez a causa de un exceso de maquillaje, pero el sentido de lo que quería transmitirle lo expresaba mejor el desdén de una mirada que ni siquiera se molestaba en discernir si Carvalho era un hombre o un esturión descarriado. El señor Brando no estaba. Como Carvalho no aceptara el veredicto, lo corrigió. El señor Brando no estaba para nadie. Nadie era Carvalho. El interfono cambió la respuesta en cuanto la muchacha le comunicó la última ocurrencia de Carvalho.

—Aquí hay un señor que dice que van a detener a su hermana.

Un breve silencio y finalmente el inevitable «que pase». Carvalho notó de pronto como si algo o alguien le infiltrase una dosis de miedo en las venas. Diez años atrás habría ido en pos de su mentira, con el cuerpo dispuesto a hacer frente a cualquier agresión. Ahora temía vivir en un constante desfase entre la forma y el fondo, como si su cuerpo y su espíritu ya no se responsabilizaran de su musculatura para hacer frente a la violencia ajena. Te haces viejo, se dijo, y no era el mejor estado de ánimo para ponerse ante aquel hombre joven, atlético en casi todos los sentidos de la palabra. Situado al fondo de un salón inacabable, tras una mesa tres veces más cara que la de su padre. En la pared colgaban fotos de los Brando, dedujo Carvalho al comprobar que dos hombres antiguos precedían una foto bastante reciente del primer Brando que había conocido. Un negocio familiar ahora regentado por el heredero en ciernes.

—Su padre...

—Si empezamos por mi padre ya puede marcharse...

—Su madre...

—Lo mismo digo.

—Su hermana.

—¿Qué pasa con mi hermana?

Toda fortaleza tiene su brecha de entrada. Carvalho le contó la historia de la redada y aquel joven tan moderno que parecía una caricatura de yuppy ni se inmutó. Le dejó hablar y se instaló en un progresivo fastidio.

—Pero ¿qué viene a contarme? La historia de la detención la conozco porque fui yo quien movió los hilos que pusieron a mi hermana en la calle.

—Su padre dice que fue él.

—Él se limitó a ir a buscar el paquete. Yo hice todos los trámites previos. Una editorial como la nuestra tiene muchas relaciones. No hay tipo importante que no aspire a publicar algún día sus memorias en nuestra casa, es la que mejor paga y la que mejor vende. Acabo de contratar una *Autobiografía de Franco*.

—¿A Franco?

—No. A un escritor rojo, rojísimo: le he puesto sobre la mesa un cheque, no voy a decirle por cuánto, y todos sus prejuicios se han hecho añicos. Me ha pedido libertad de tratamiento, la que quiera, luego ya vendrán las rebajas antes del segundo cheque.

—¿Siempre hay un segundo cheque?

—Es el mejor sistema. Un cheque para comprar y otro para matar. Lo siento pero usted no tiene nada que venderme.

Carvalho se calló y le aguantó la mirada.

—No siempre se vende lo que se hace. A veces se vende lo que no se hace.

Brando Jr. repitió la frase de Carvalho mentalmente y le dedicó una mirada de interés.

—Yo tengo mi deontología profesional, señor Brando. Consulte usted entre las gentes del oficio, incluso entre los policías, algunos me odian, y le dirán que soy fiel a mi cliente hasta el final aunque el cliente me parezca un miserable. En ese caso todo termina cuando le entrego mi informe y le dejo entender que me parece un miserable. Yo nunca abandono un caso. Mi oficio es desvelar el misterio y luego ya no me interesa qué hagan con el misterio los almacenadores de misterios, los capadores de misterios, los vampiros de misterios... clientes, policías, jueces... Ése no es mi trabajo. Hubo un tiempo en que estudié filosofía y me enseñaron que todo consiste en quitarle velos a la diosa y detrás del último velo está la verdad. Alezeia creo que se llama esta técnica, o quizá no sea una técnica, sino una manera como otra de creer en que aún quedan desnudos misteriosos.

Estaba hastiado de tanta filosofía, aunque fuera griega, pero fingía atenderle. Era un chico educado hasta que dijo en un tono de voz helado:

—No me haga una teoría de la novela. Al grano. Por favor.

—Usted se movilizó por su hermana. Lógicamente no se limitó a sacarla de allí, sino que también sabe por qué estaba allí, o al menos sabe que sabe la policía y vaya usted a saber si incluso le han hecho partícipe de lo que saben los mandos políticos de la policía. Todo eso a mí me va a costar días y días de trabajo, de meter las narices, de remover mierda, aspectos de la cuestión que a su padre no le preocupan porque él llama al pan pan y al vino vino... a propósito. ¿También usted es de los que llaman al pan pan y al vino vino?

—Detesto a las personas que presumen de no tener pelos en la lengua.

Aquel muchacho no era tan siniestro como parecía, pero podía ser siniestro si se lo proponía. Se esponjó en el sillón gerencial rotatorio, unió las puntas de los dedos de sus dos manos y se las llevó a la boca, mientras cabeceaba como calculando por qué orificio de Carvalho debía meter la bala letal.

—¿Si yo le dejo ver unas notas, resultado de mis buenos oficios entre las autoridades, me asegura usted que da el caso por zanjado? Al cheque de mi padre yo le adjunto otro mío.

—El de su padre serviría para comprar y el suyo para matar.

—Yo he levantado un negocio moribundo, en cinco días. Mi padre lo heredó a plena vela y lo llevó al puerto más estúpido que encontró, hecho a su imagen y semejanza. No me interesa que las historias de mi hermana salpiquen a una editorial que está a punto de recibir una aportación de capital extranjero que triplica su activo actual. Ya ve que le enseño mis cartas, pero no toleraré que usted juegue con ellas.

—Sólo puedo prometerle que el trabajo que usted me dé hecho ya no tendré que hacerlo.

—Voy a asumir su promesa y voy a añadir un encargo, pagando, naturalmente. Siga a mi hermana y preocúpese de que no se meta en más líos, de los líos en que ya se metiera en el pasado.

—Primero quiero leer esas notas.

Brando Jr. se levantó, caminaba como si su traje fuera de seda. Era de seda. Caminaba bien y gesticulaba como esos jóvenes atletas antes del esguince o de la rotura de ligamentos. Nadie podrá juzgar jamás qué es caminar bien si no ha visto hacerlo a un joven atleta antes de romperse por cualquier tontería. Tan buen caminar le llevó hasta la estantería de maderas provenientes de un

bosque aún más antiguo que el que había sumi-
nistrado materias primas a la mesa de su padre y
de un *secrétaire* cuya clave fue vista y no vista
sacó una carpeta de buena piel, casi piel humana,
que dejó sobre la mesa al alcance de Carvalho.
Cuando el detective se disponía a abrirla, el yuppy había recuperado su estatura de cíclope ligero
y proclamaba:

—Esto no es una sala de lectura.

«Beatriz Brando Matasanz, "Beba", menor de edad, ha sido detectada en tres ocasiones por las calles inmediatas a Arco del Teatro, en evidente búsqueda de droga, preferentemente cocaína, en cantidades de consumo personal, por lo que nos hemos limitado a seguirla rutinariamente, para comprobar las conexiones entre la red de pequeños camellos. Su proveedor más habitual es Belisario Bird, alias *Palomo*, de nacionalidad hondureña, ligado al clan Perla, habitualmente en activo en el rectángulo comprendido entre la calle Barberá, San Olegario, Arco del Teatro y las Ramblas. Interrogado *Palomo* a requerimiento del demandante del presente informe, ha confirmado confidencias anteriores en el sentido de la periodicidad de compra de la antedicha, aunque no se responsabiliza de otros acopios que haya podido hacer en los alrededores de la plaza Real, donde también ha sido vista en actitud sospechosa, aunque menos veces que en el rectángulo referido. Durante las breves horas en que estuvo detenida no se la presionó según lo habitual por razones obvias, pero declaró que nunca había comprado ninguna clase de drogas y que sólo había fumado hacía ya tiempo un "porro" (nombre vulgar del petardo de marihuana) y se había mareado. Sobre la extraña presencia de una joven de su edad por aquellos andurriales, precisó que siendo su vocación la de escritora, desde los tiempos en que ganó el premio provincial de redacción de tercero de EGB, tiene necesidad de contemplar cómo viven las diferentes clases sociales de la ciudad y muy especialmente aquellas que le parecen más interesantes. Advertida sobre lo peligroso de su proceder, utilizó el ejemplo de la propia policía, que arriesga su vida en lugares peligrosos, por unos motivos tan profesionales como los de ella. En una conversación más relajada con la inspectora Vinuesa Cobos, encargada de la sección de menores, insistió en la necesidad de conocer todos los rincones de la ciudad e incluso propuso sumarse a la brigada antiestupefacientes para ver de cerca cómo opera. La inspectora Vinuesa Cobos realizó pues un informe favorable, aunque con algunas observaciones sobre la necesidad de que alguien con autoridad moral sobre la señorita Brando Matasanz estuviera al tanto de sus andanzas, habida cuenta que por el idealismo de sus propósitos podría colocarse a veces en situaciones poco agradables, para las que no está preparada por su corta edad. No sería tan benévolo el juicio del que esto suscribe, por cuando en más de un momento del interrogatorio tuvo la sospecha de que la antedicha era muy hábil para tirar pelotas fuera y con pocos escrúpulos a la hora de distinguir la verdad de la mentira, condición que estaría en disposición de detectar por las muchas experiencias similares que ha vivido y la comprobación de que hoy la gente joven está más preparada para mentir que en tiempos pasados, extremo éste que, aun no viniendo al caso, podría deberse a la cantidad de falsedad que nuestros jóvenes absorben desde la más temprana infancia a través de la televisión y de las canciones decadentes que pueblan sus cerebros de imágenes amorales que más tarde o más temprano influirán en un planteamiento amoral de sus propias vidas. Por todo ello y desde la corresponsabilidad que el que suscribe siente por su condición de funcionario del orden público y de padre, sugiero que se tenga en cuenta el consejo de la inspectora, para que también se intervenga con mano dura, quien estuviera en condiciones de hacerlo, para cortar lo que aún es sano, lo que mañana estaría podrido.» Había mejorado mucho la prosa de la policía desde que Carvalho había tenido ocasión de leer sus informes y lamentó en cambio, en sus frecuentes choques con Contreras y otros guripas, que el lenguaje coloquial siguiera siendo el mismo: chulesco y lleno de silencios amenazadores. Una vez más se le imponía la reflexión sobre la hipocresía de la cultura: ponerse a escribir y adoptar un continente de comunicador había sido fácil para el informante, en cambio a viva voz no habría recurrido a oraciones compuestas tan largas y las coordinadas y subordinadas no hubieran tenido más coordenaciones y subordinaciones que gruñidos, respiraciones contenidas, tacos e interjecciones explosivas. A ninguna parte le llevaba el informe, como no fuera a Belisario Bird, confidente y camello de poca monta que no añadiría ni una coma a lo que ya sabía la policía. Desde la muerte de Bromuro andaba a ciegas por el subsuelo de la ciudad. Todas las ratas pertenecían a nueva generación y Carvalho se negaba a buscar nuevos informadores, como si sustituir a Bromuro fuera un acto de póstuma fidelidad, no sólo al limpiabotas, sino a sí mismo, a una ciudad que se le moría en la memoria y que ya no existía en sus deseos. Se muere una ciudad en la que era necesaria la compasión y nace una ciudad en la que ya sólo tendrá sentido la distancia más corta entre el comprarse y el venderse a sí misma.

Era incapaz de admitir la vejez de su cuerpo o de asumirla como preocupación y en cambio le aterraba la vejez de su memoria, como si en el progresivo alejamiento del presente y del futuro quedaran condenados una serie de personas y situaciones que confiaban en él para ser inmortales. Y en la metamorfosis de su Barcelona había como un ejercicio de sadismo implacable para destruir incluso los cementerios de su memoria, el espacio físico donde podrían residir los protagonistas de sus recuerdos. En la añoranza de Bromuro, el limpiabotas que le servía de informador a cambio de unas pocas pesetas y de que le escuchara en la evocación de sus tiempos de joven caballero legionario al servicio de Franco, cumplía un papel referente la supervivencia de espacio físico en el que solía encontrar el viejo, bares, esquinas, la miserable pensión donde vivía amenazada ahora por la demolición de parte del Barrio Chino. A veces se topaba con *el Mohamed*, que según Bromuro era el hombre mejor informado del Barrio Chino. «No hay pinchazo en esta ciudad que ese tío no controle.» El morito, como le llamaba Bromuro, primero le sonreía desde la complicidad del que se ha liado a puñetazos con él, como asegurándole que un día u otro habría otra ración.

Pero un día le abordó con su tensa sonrisa de bárbaro del sur.

—Tú me necesitas, tonto. El mejor amigo del cazador es el hurón. Si una persona lista no sabe lo que necesita, entonces no es una persona lista, es un tonto.

Ya volvía con sus silogismos que casi siempre conducían a la palabra tonto. Había recibido sus puñadas y le había devuelto algunas cuando investigaba el caso del delantero centro amenazado de muerte y paralelamente asistía a la agonía de Bromuro. Ahora el ex limpiabotas y ex legionario debía revolverse en su nicho alquilado por Carvalho y Charo en el cementerio de Montjuich cada vez que *el Mohamed* le ofrecía sus servicios.

—Cada vez trabajo menos. Quisiera jubilarme.

El moro le miraba de arriba abajo y cabeceaba como si no le gustara lo que veía.

—Si además de ser tonto te sientes viejo, lo mejor que puede pasarte es que te traguen las arenas del desierto.

—Aprovecharé la primera ocasión.

Pero sin darse cuenta estaba recorriendo las calles donde era posible el encuentro con *el Mohamed*, cuyo nombre concreto desconocía, y se sintió defraudado cuando no lo encontró. ¿Era inteligente ser fiel a Bromuro hasta el punto de no utilizar los servicios de un confidente de repuesto? El subsuelo de la ciudad seguía teniendo su código y lo que estaba sucediendo allí se parecía a lo que sucedía en la superficie. Hace cincuenta años las calles las barrían los inmigrados murcianos o andaluces y ahora lo hacían muchos norteafricanos. Hace cincuenta años el subsuelo lo controlaban marginados o automarginados como Bromuro a cambio de una miseria relativizada y ahora aquel oficio pasaba a los bárbaros del sur que iban penetrando Europa de abajo arriba, como la habían penetrado los germanos de arriba abajo. Los germanos empezaron conquistando el Imperio romano con las armas y ante la imposibilidad empezaron a infiltrarse, acabaron siendo los policías del Imperio. Ya era suyo. De momento los bárbaros del sur ya se habían apoderado de las sobras y Carvalho vio en ellos, de repente, un instrumento de justicia contra el asqueroso estado de autocomplacencia de los monos yuppys.

—¿Han vuelto los Contreritas, Biscuter?
—No.
—Charo.
—No.
—¿Brando?
—No.
—¿Y...?
—No.

Contuvo el deseo de ir en busca de Lebrun y Claire, no fuera a llevar tras los talones de su deseo a Contreras y los suyos o no fuera a romper los pocos deseos que le quedaban. Una vez cumplido el recorrido por el laberinto, Claire y su griego, Lebrun y el suyo, habían ultimado el sentido de su indignación, de su viaje y cada cual habría partido dejándole a él la obligación de acompañante de otros buscadores de verdades imprescindibles. Cuanto antes recuperara su coherencia, mejor. Tenía el esqueleto en su sitio, Biscuter ya habría ingresado el cheque de Lebrun y la minuta de Brando Sr. iba a ser una broma al lado de la que le pasaría a Brando Jr. Al fin y al cabo seguir a la señorita Brando representaba subir de escalafón, dejar de ser un huelebraguetas para convertirse en un huele coños, por si aquel ángel desnudo se dedicaba a esnifar por la zona más ensimismada de su cuerpo. ¿Para qué quería la droga la señorita Brando? Parecía un título de telefilm de bajo presupuesto, pero algo tenía que hacer para justificar las minutas. Se apostó ante el chalet de rico insuficiente o insuficiente para un rico. El viejo Brando le había advertido que Beba se levantaba tarde y mal, tanto que permanecía en casa en la penumbra de su habitación, escuchando discos con los pulmones de los altavoces a punto de reventar, llegando la onda sonora de sus conciertos rock privados hasta los chalets vecinos, por muy amplia que fuera la zona ajardinada separadora. Luego, al atardecer, Beba comía todo lo que encontraba en la nevera, se vestía lo escasamente que le permitía la estación y se echaba a la calle, de la que volvía a veces al poco tiempo, pero casi siempre de madrugada, sin que su padre conservara ya la paciencia de esperarla para conocer a su acompañante antes de la ya disminuida sorpresa de encontrárselo en el *office* devorando tostadas con crema de avellana, plato preferido de la muchacha. La próxima vez primero exigiré saber el programa de vida del que tengo que seguir, masculló mentalmente Carvalho cuando a las diez de la noche se abrió por fin la puerta de la casa y Beba saltó más que caminó al encuentro de la calle como si algo o alguien le hubiera impedido tal deseo durante todo el día. Carvalho encendió como pudo el Rey del Mundo que ya había desvitolado y tuvo que correr para que Beba no le tomara una delantera insalvable en su Volkswagen Golf lleno de etiquetas de discotecas y bares duros, de esos que no te dan ni una silla ni un buenas noches y en cambio regalan generosamente etiquetas para los coches de los clientes. Beba descendió hacia la barriada de Gracia y aparcó en un vado obligatorio como si la obligación no fuera con ella. Caminaba bien, pero caminaría mejor cuando fuera consciente de lo contento que estaba el aire ciñéndose a su cuerpo de diosa aún breve. Carvalho trató de borrar diosa del almacén cerebral de palabras urgentes, le parecía que era un recurso de viejo o de cursi, un reconocimiento de distancia insalvable, necesariamente insalvable. Beba tenía la melena castaña llena de caracoles y una piel tan hermosa que parecía un estuche de sí misma. Ya en el local cruzó saludos y se fue a la barra donde la esperaba un hombre joven que la besó como si interpretaran la secuencia final de una película esperanzadora. Carvalho no sabía dónde meterse. Había otros de su edad, pero iban disfrazados de tener veinte años menos y en cambio él llevaba aquella noche su biología más sincera y barba de dos días. Se acodó en la barra junto a Beba y asumió la mirada intranquila del camarero que le correspondía. Quiso pedir algo agresivo para borrar la impresión de policía que había suscitado y pidió un whisky de malta doble, gran reserva, sin hielo. La sospecha del camarero iba en aumento, pero Carvalho convivió con ella y cuando se bebió el whisky de dos o tres sorbos empezó a contemplar el local y sus gentes con el desdén que se merecen las personas y las cosas que no nos aceptan. Por ejemplo, esa imbécil con una cresta de pelo color verde, que ante el gesto de Carvalho de reencender su mustio Rey del Mundo, agita la mano rechazando a priori el humo previsible, aquí, en este local donde la atmósfera huele a porro y a la brillantina que convierte los cabellos de los muchachos en escarabajos encaramados sobre sus sesos. Y así pasó el tiempo, sin nada que llevarse a los ojos hasta que Beba pegó una bofetada a su acompañante a las dos de la madrugada. Carvalho izó el cuerpo, por si debía intervenir, y en su interior burbujearon los diez o doce maltas gran reserva, sin hielo, que había tomado. La bofetada no fue respondida. El hombre escupió en el suelo, junto a los zapatos de ella, y la dejó abandonada en la pista de baile, donde Beba siguió la danza sin importarle el desparejamiento. Cuando terminó la pieza, Beba anduvo por el local, sorteando parejas, escudriñando penumbras, mientras Carvalho pedía la cuenta y dejaba mil pesetas de propina al camarero, al fin aliviado, porque jamás policía alguno ha dejado mil pesetas de propina.

—¿Está bien ese guayabo, no?

Por más que el camarero agradecido trataba de encontrar un guayabo en la sala no lo conseguía. Cuando Carvalho le señaló a Beba en plena búsqueda, todo quedó claro.

—¿La titi esa? Muy buena. Pero está como una regadera. Se cree... no sé lo que se cree.

No, no lo sabía porque enmudeció y prosiguió su servicio según la programación secreta de los mejores camareros. Beba había abrazado a una muchacha y mantenía una apasionada conversación que de pronto interrumpió para volver a la barra. Carvalho se movió como un jugador de fútbol a la espera de la pelota que va a caer más o menos en su zona. Beba cayó dos metros más allá y pidió una cerveza sin alcohol. Carvalho había seguido la trayectoria de la pelota y llegó a punto de comentarle.

—Bebidas duras, por lo que veo.

Beba le miró y no pareció gustarle lo que vio. Imposible que le hubiera reconocido a partir de aquel abrir y cerrar la puerta de su habitación. Simplemente, Carvalho no era su tipo de adulto. Pero cuando Carvalho ya buscaba otra frase afortunada, fue ella quien se le encaró.

—¿Qué bebe usted?

—Whisky. Cuando no sé qué hacer ni tengo ganas de hacer nada, pido whisky.

—¿Y cuando sabe qué hacer y quiere hacerlo?

—Vino.

Beba hizo un mohín de asco ligero. Más parecía un comentario dirigido hacia sí misma que hacia Carvalho.

—He visto que sabe defenderse. Vaya bofetada le ha dado a su compañero.

—No me gusta la gente egoísta.

—¿Él es muy egoísta?

—Sólo es egoísta. En su carnet de identidad debería figurar, profesión: egoísta. Le he dicho que me llevara a ver las obras del pirulí, esa antena que están construyendo en el Tibidabo, tan guapa. Y me ha dicho que no quería.

—¿Eso ha dicho?

—Eso ha dicho.

—Qué desalmado.

Esta frase le había gustado. Cabeceaba y tenía lágrimas en los ojos.

—Un desalmado. Eso es. No tiene alma.

—Si tanto la apena no ver el pirulí, yo puedo llevarla. Está muy cerca de mi casa. Yo vivo en Vallvidrera.

Beba le puso la mano en el pecho y cerró los ojos.

—Usted no me debe nada. En cambio ese cerdo me debe muchos favores.

Tenía un sentido moral primitivo pero eficaz. El trueque. Era demasiado fácil adivinar qué le había dado ella a aquel egoísta, tan fácil que Carvalho pensó que tal vez se equivocaba.

—Ahí donde le ve, tan machote y con tanta planta, ese chico creía que era mariquita. ¿Le aburro?

No, no le aburría y ella estaba borracha de cerveza sin alcohol, probablemente estaba borracha todo el día sin necesidad de alcohol. La historia empezaba en una exhibición de culturismo a cargo del egoísta y en un intento de ligue que en el momento definitivo se vino abajo porque al egoísta culturista no se le empinó. Llevaba sin dignidad el complejo de tenerla pequeña y en los desfiles de exhibición de musculatura se ponía un postizo entre las piernas para que el músculo preferido del hombre y de algunas mujeres no quedara en ridículo en comparación con el bíceps, el tríceps... Ella le pidió que se lo enseñara.

—Enséñamela, Juan Carlos, le insistí... Y él venga llorar, ese hombrón llorando como un niño. Me la enseñó y sonreí...

Volvió a sonreír. Tenía sonrisa de ángel femenino, rigurosamente femenino. Y tras sonreír, pareció como si en aquel local duro para nuevas generaciones duras, en lugar de la música astilladora de esternones sonara un violín húngaro para melodramas de atardecer.

—No. No la tienes pequeña, Juan Carlos. La tienes normal. Lo que cuenta no es el tamaño, sino el deseo tuyo y la capacidad de amar a tu pareja.

Lo decía con voz de diecisiete años. Si lo hubiera dicho con voz de treinta, cuarenta o cincuenta, Carvalho ya estaría buscando un pliegue de local donde reírse o vomitar, pero aquella voz de cristal, opaco por las altas horas de la madrugada, podía narrar cualquier cosa trasmitiendo sinceridad. Ella había leído una vez una novela, sobre la guerra civil, sí, sí, sobre la guerra civil española, esa que pasó hace un montón de años, cuando al abuelo le incautaron la editorial los rusos, que sí, que sí, que habían sido los rusos en persona, que estaban entonces en todas partes. La novela contaba la historia de una enfermera y un prisionero de guerra, o quizá no era un prisionero, pero sí un herido de guerra, porque donde en una novela de guerra aparece una enfermera en seguida hay que buscar un herido de guerra. Y estaba tan triste el prisionero, tan mal herido, que la enfermera hace el amor con él, en un acto de generosidad.

—O de comunión de los santos.

Concluyó Carvalho para desconcierto de la chica.

—¿Comunión de qué?

—La comunión de los santos, el perdón de los pecados, la resurrección de la carne... el Juicio Final.

—¿Eres de alguna secta?

—Trataron de meterme en la católica, pero me salí en cuanto vi que me prohibían casi todo lo que me gustaba.

—Yo las sectas no las soporto. ¿Hemos tenido una conversación muy profunda, verdad? Hoy todo está lleno de buitres. Mi hermano. Mi hermano es un buitre de acero inoxidable.

¡Cómo adjetivaba aquel ángel!

—¿Sus padres también lo son?

—Mi padre aún no tengo claro qué clase de animal es. Lo que está claro es que es un imbécil.

—Y su madre... si la tiene...

—Mi madre es una atleta.

Sin duda el amor filial la hacía exagerar, pero Carvalho encajó el juicio sobre la monitora con una complicidad casi entusiasmada.

—Practica el atletismo, ¿no?

—El atletismo espiritual.

Revolvió en el bolsito que llevaba y sacó un libro. *Peter Pan*. James M. Barrie. Traducción Leopoldo María Panero. Lo hojeó sabedora de lo que buscaba. Mientras movía las páginas obsesionada, hablaba de la mejor definición de madre que había encontrado, Ave Ilusión decía, una madrecita es como el Ave Ilusión. Por fin encontró el párrafo y se lo ofreció a Carvalho con expresión radiante.

—Aquí, lea, desde aquí...

Carvalho miró a derecha e izquierda. Por fortuna nadie se había dado cuenta del acontecimiento y un noventa y nueve por ciento largo de los pobladores del local iban a la suya, pero el camarero no les quitaba ojo de encima y ese ojo era un mensaje de complicidad maliciosa. ¿No le he dicho que estaba como una regadera? Así que Carvalho se puso a leer *Peter Pan*, en el exacto momento en que el Capitán Garfio le propone a Wendy ser la madrecita de todos ellos, conmovido ante el ejemplo del Ave Ilusión que sigue protegiendo su cría flotando sobre las aguas. Asintió Carvalho como si estuviera totalmente convencido, pero se notaba emocionalmente cansado y se ofreció para acompañarla.

—¿A mi casa?

Se imaginó la cara de Brando al día siguiente cuando se lo encontrara en el *office* engullendo tostadas con crema de avellana.

—No. Hasta su coche. Por si el musculitos...

No dijo que no. Se le adelantó y el momento lo aprovechó el camarero para inclinarse sobre la barra e interrogarle.

—¿*Peter Pan*? ¿Le ha enseñado un libro que se llama *Peter Pan*? ¿No?

Perdió el tiempo justificándose, justificándola. Cuando salió a la calle, el Volkswagen bravuconeaba calle abajo, llevándose a Wendy.

El inspector Contreras reclamaba su presencia en Vía Layetana. Había aparecido un hombre muerto y, según sabía el inspector, Carvalho lo había estado buscando días atrás.

Y era cierto.

Había recibido la orden de encontrarlo. Vivo o muerto.

Cada vez que Contreras quería recordarle a un detective privado que era un simple huelebraguetas elegía a Carvalho, tal vez porque le suponía el «huelebraguetas» más soberbio, el que le devolvía equivalente cantidad de desprecio. En cuanto a Carvalho, Contreras le parecía simplemente un policía, un especialista en represión a sueldo de quienes más se beneficiaban de la represión. Reconocía que era un principio teórico heredado de su adolescencia anarquista, de su juventud premarxista o posmarxista y que era utópico e incluso peligroso soñar un mundo sin policía. Pero todos tenemos derecho a conservar parte de nuestra propia retórica y además las relaciones con Contreras le habían permitido añadir motivos a sus principios fundamentales. No fue una excepción aquel nuevo encuentro. Carvalho permaneció hora y media abandonado en un pasillo haciendo antesala, recibiendo de vez en cuando la mirada chulesca de alguno de los cachorros de Contreras y otras veces incluso algún resoplido que era una completa declaración de principios corporativos poco amistosos. Por fin fue introducido en el despacho del comisario, quien apenas si levantó la cabeza, pero sí lo suficiente como para dedicarle una mirada de cansado desdén. Parecía muy atareado el comisario con sus papeles y sólo abandonó su concentración cuando Carvalho se sentó sin su permiso. Le fulminó con la mirada, pero no consiguió abatirlo. Carvalho sonreía amigablemente, a la espera del discurso airado que anunciaban los ojos del policía. Para aplazarlo, recorrió con los ojos todo lo que se movía o yacía en aquel despacho y de pronto la linterna quedó aislada, como imponiendo su presencia con voluntad de hacerlo, estoy aquí, soy yo, ¿no me reconoces? Allí estaba con su tubo acanalado, en el que ya habían saltado algunas motas de pintura negra, con su ojo dióptrico, de plata acristalada, a la espera del alma de la luz, exagerando sus hazañas en la mano de Carvalho, los servicios prestados en el pasado para verificar su uniforme de investigador privado, y en vano Carvalho trataba de sacársela de encima, minimizando sus contribuciones o consolándola en su destino final de prueba circunstancial en manos primero de la policía y luego probablemente del señor juez. Procuró pues desinteresarse de ella para que Contreras no se diera cuenta del diálogo.

—¿De qué conocía usted a Alekos Faranduris?

Pero la linterna estaba allí y al mismo tiempo notaba su volumen y sus estrías, incluso el calor de su luz en la mano, como si aún estuviera dirigiéndola por el laberinto que conducía a Alekos

Faranduris. Contreras sostenía la pregunta y por el tono de voz era poseedor de la suficiente información como para que Carvalho no pudiera hacerse el sueco fingiendo sorpresa ante el nombre de Alekos Faranduris. ¿Y si trataba de apoderarse de la linterna? En ningún caso iban a relacionarla con él, o si admitía haber investigado el caso, podía reclamarla, esa linterna es mía. Pero pasarían varios meses hasta que la recuperara si el juez decidía que era prueba circunstancial, y lo que la linterna le pedía era que la rescatara cuanto antes. ¿Qué persona u objeto desea quedarse demasiado tiempo en un despacho de policía? Ni siquiera un policía. Contreras ya había fruncido el ceño. Ya se levantaba. Ya daba un pequeño paseo sin dejar de mirar de reojo a Carvalho. Finalmente se detuvo, se le enfrentó, tomó aire. La linterna le aconsejaba: no te dejes aplastar por las palabras, ni por la situación. Sácame de aquí, sácame de aquí, por favor.

—¿De qué conocía usted a Alekos Faranduris?

El usted indicaba que Contreras hacía esfuerzos iniciales de contención, esfuerzos que Carvalho debía agradecerle, por lo que fingió abandonar cualquier resistencia mental y contestó en un tono de voz relajado.

—Nunca llegué a conocerlo.

Contreras suspiró y pareció encontrar una verdad refutadora en un papel trascendental que luego agitó ante Carvalho.

—Empezamos a no estar de acuerdo. Aquí pone que usted se dedicó a buscar a Alekos Faranduris como un loco, como si le fuera en ello la vida. No iba usted solo, pero en cuanto me han dado la descripción de la pandilla en seguida me he dicho:

tate, ése es Carvalho. Y luego resulta que horas después de la búsqueda del señor Carvalho, Alekos Faranduris aparece muerto de una sobredosis de droga, una sobredosis que podía haber matado a un caballo, y yo ahora, como usted con su natural listeza comprenderá, me veo obligado a preguntarle: ¿por qué buscaba con tanto ahínco a ese fiambre?

Carvalho carraspeó y puso gotas de la más inocente inocencia en sus ojos.

—Sólo puedo decirle que cuando yo dejé al señor Faranduris en la madrugada del miércoles al jueves gozaba de una excelente salud. Parecía un moribundo.

—Aún no me ha dicho el porqué de tanto interés por localizar a ese cadáver.

—Al no hablar más de la cuenta, Contreras, hago un elogio a su inteligencia. Piensa usted, ¿qué interés puedo tener yo en encontrar a un griego moribundo?

—Usted es un mercenario, desde luego, y a eso voy. ¿Quién estaba interesado en encontrar a ese griego?

—Sus parientes. Me localizaron desde Francia. Estaban intranquilos por su desaparición y me pusieron en su pista. Les constaba que se movía por Barcelona y recurrieron a mí porque mi fama ha traspasado todas las fronteras.

—Enhorabuena.

—Lógicamente, a un artista había que buscarlo a partir de otros artistas y a usted puedo decirle que fue relativamente fácil, aunque a mis clientes les diré que fue extremadamente difícil para justificar la minuta.

—Lo comprendo, lo comprendo. Hoy por usted y mañana por mí.

146

—Y eso es todo. Vi a Faranduris en un almacén abandonado de Pueblo Nuevo al que me llevaron las referencias de personas que lo habían conocido. Estaba muy mal. Yo diría que estaba agonizando aunque él no lo sabía o quizá no quería reconocerlo.

—Y usted lo dejó allí tirado.

—No se dejó trasladar.

—¿Iba usted solo?

—No.

—¿Piensa decirme con quién?

—No. Ni creo que pueda añadir nada a lo que usted ya sabe o le interesa saber. Forma parte de mi secreto profesional y me hago responsable de lo que digo: si Faranduris no estaba muerto cuando yo le vi, poco faltaba. Parecía muy enfermo.

—En efecto lo estaba.

—¿SIDA?

—SIDA, buen diagnóstico. Tiene usted un ojo clínico.

—Tenía cara de enfermo de moda.

—Desde que llegó a Barcelona hace ocho meses, ocho meses, Carvalho, ha estado hospitalizado en tres ocasiones y de la última se marchó sin decir ni buenas. Estaba desahuciado y se limitó a desaparecer. Ahora reaparece, muerto. Y no precisamente en el interior de un almacén, señor Carvalho, sino en la playa.

—¿Tenía la jeringuilla puesta?

Contreras no le contestó inmediatamente. Diríase que estudiaba el porqué de la pregunta o el interés que Carvalho exhibía hacia la respuesta. No era demasiado. Parecía en cambio más interesado por lo que se amontonaba sobre la mesa.

—Desde luego.

—Bien, entonces caso cerrado. No es el primer vagabundo extranjero que se mete una sobredosis para terminar de una vez por todas.

—No. No es el primero. Pero éste ha sido muy buscado y, además, usted es la única persona que puede llevarnos a sus parientes, por si quieren recuperar el cadáver antes de darle cristiana sepultura.

—Trataré de ponerme en contacto con mis clientes.

—Le hemos encontrado un pasaporte en el que consta la dirección de un hotel de París, no de un domicilio familiar. Un pasaporte relativamente reciente. Y lo curioso es que en ese hotel apenas vivió el tiempo durante el cual tramitó el pasaporte, como si quisiera borrar huellas.

—¿Hay informe policíaco?

—Todavía no, pero parece limpio. De haber sido sucio ya habría llegado.

—¿Tiene inconveniente en que eche un vistazo al pasaporte? Es por la fotografía. Por si hablamos del mismo hombre.

Contreras se encogió de hombros y lanzó el pasaporte sobre la mesa. Carvalho se levantó y se adosó casi al tablero cubierto de papeles, carpetas, la linterna. Levantó el pasaporte, lo abrió por la página de la fotografía y lo alzó hasta sus ojos como si tuviera problemas de visión. Contreras parecía desentendido durante el tiempo que Carvalho empleara en aquella operación de reconocimiento. De pronto Carvalho manifestó su descontento por la escasa posibilidad de visión y se inclinó bruscamente sobre la mesa para situar el carnet bajo el haz de luz de la lámpara. En su brusca acción, con el codo izquierdo provocó una caída al suelo de papeles, carpetas, la linterna.

—Coño. Lo siento, comisario.

Contreras pertenecía a la especie de maridos irritables cuando la mujer rompe una copa en el fregadero o de padre capaz de lanzar un ultimátum al niño que ha volcado alocadamente el tazón de la leche. Le molestaban los actos fallidos y dedicó a Carvalho una mirada condenatoria, al tiempo que le exigía una inmediata reparación de su torpeza.

—Sólo falta que usted contribuya al desorden de esta oficina.

Entre disculpas, Carvalho se agachó y parapetado tras la mesa empuñó la linterna con decisión, se la metió en el bolsillo de la chaqueta y luego fue recogiendo con parsimonia los legajos y poniéndolos sobre la mesa uno por uno, para que Contreras los reconociera uno por uno, asintiendo uno por uno, sin abandonar el ceño.

—¿Ya está todo?

—Ya está todo.

Mintió Carvalho de rodillas, mientras empuñaba la linterna en el bolsillo por si Contreras se la reclamaba. Pero parecía ya satisfecho con la recuperación de sus papeles y casi no reparaba en Carvalho, de nuevo de pie ante él.

—Agradezco mucho su confianza, comisario, pero tengo asuntos muy urgentes que me reclaman y no puedo seguir por más tiempo en su grata compañía.

—Deme la referencia de esos parientes, de esos clientes.

—Comprenderá usted que primero he de hablar con ellos. No puedo revelar una información así como así. Puedo asegurarle que sabrá pronto noticias mías.

—Sabré noticias de usted mucho antes de que usted las sepa, como me toque demasiado los cojones haciéndose el chulo de mierda.

Por fin le había salido la bestia. Nada indicaba que le impidiera marcharse, pero sí que a partir de este momento tendría siempre encima a Contreras oliéndole la bragueta. Por eso al salir a la calle no tomó una dirección predeterminada y haraganeó por el Moll de la Fusta, con la mano en la linterna agradecida y la mirada de la gamba de Mariscal, que no era gamba, sino bogavante, con ganas de cachondeo. Se metió en una cabina para llamar al Palace. Ni monsieur Lebrun ni mademoiselle Claire Delmas eran ya clientes del hotel. Habían cancelado su cuenta el día anterior y partido en dirección desconocida. Se imaginó a Georges Lebrun urdiendo la resolución del caso. Ganar tiempo y espacio no había sido una mala idea, pero quedaba Carvalho y habían confiado demasiado en su respeto al secreto profesional o le habían integrado gratuitamente en su juego, pensando incluso que podían haberle desorientado. En cuanto a Carvalho se limitaba a sufrir por Claire y a tratar de llegar antes que Contreras.

Volvió a callejear, ganando tiempo y distancia entre cabina telefónica y cabina telefónica y esta vez la llamada la dirigió a la Oficina Olímpica, al coronel Parra. Estaba reunido, reunidísimo, insistió la secretaria, con el alcalde, dijo al final ante la presión de Carvalho.

—Al alcalde le queda casi un año de mandato, señorita. En cambio mi asunto es de vida o muerte.

150

Por fin un alterado y razonablemente molesto ex coronel Parra se puso al teléfono.

—Necesito saber si el francés aquel del que te hablé, el de la ORTF, Georges Lebrun, sigue en Barcelona o ya ha terminado el asunto que os ocupaba.

—¿Eso es todo?

—Es bastante, te lo juro.

—¿Justifica que me hayas levantado de una reunión nada menos que con el señor alcalde?

—A Pascual le conoces de toda la vida.

—No va en broma.

—Es asunto de vida o muerte, coronel. Va en serio.

Carraspeó Parra contenido por el tratamiento que le convocaba parte de su mejor memoria y telegrameó la información.

—En efecto, Georges Lebrun sigue en Barcelona porque me han ratificado una entrevista con él mañana.

—¿No ha dejado dirección?

—No. Tengo una cita a las diez y media. Eso es todo.

Y le colgó. Cría cuervos. En otros tiempos no había horas suficientes de conversación sobre la acumulación de capital o sobre el tránsito de la cantidad o la cualidad según los esquemas del materialismo dialéctico. Y Franco. Y Lumumba. Y la madre que les parió. Ahora se molestaba porque Carvalho se convertía en un ruido en la conversación con el excelentísimo señor alcalde. Pero tenía otros dolores cerebrales más urgentes, por ejemplo el que le causaba la necesidad de proteger a Claire, de encontrarla antes que Contreras, y para llegar a Claire sólo tenía la referencia de Lebrun y el punto remoto de la cita de mañana. Demasiado tarde. Biscuter le esperaba con un bocadillo de pescado frito, berenjenas, pimientos y pan con tomate. Era el bocadillo *Señora Paca* que Carvalho había perfeccionado en homenaje a su abuela, y junto con el bocadillo la propuesta de la compra.

—Tengo una receta de puta madre, jefe, un tumbet a la mallorquina y morcillo cocido con salsa verde. Dietético. Bajas calorías.

—¿Dónde buscarías a un hombre extraño acompañado de un hermoso adolescente griego y tal vez de una mujer distraída, falsamente distraída?

—¿Qué preguntas, jefe? ¿El hombre extraño y el adolescente se entienden?

—No lo sé. Es demasiado extraño.

—Busque por la vida golfa. Pero tiene muchas horas por delante. Ésos salen como los caracoles, al anochecer. ¿Y qué va hacer con el señor Brando? No para de llamar.

El señor y la ex señora Brando, el ex atleta, el hijo, la hija, la madre. Se inventó una excusa para Biscuter, pero la entendió como si se la dirigiera a sí mismo.

—No sé cómo dar la cara en ese asunto, Biscuter. He cometido todas las torpezas posibles.

—Ha pasado malos días, jefe.

—No parece que los próximos vayan a ser mejores. ¿Te gustaría dejar el delantal durante unos días y coger la lupa?

Había quedado ante Beba en la peor de las posiciones estratégicas. Si la seguía a cuerpo abierto ella le reconocería y si la abordaba proseguiría una relación no exactamente clasificable dentro del género de la corrupción de menores, sino más bien de la corrupción de adultos. Si de su propia corrupción ensayaba el marcaje a distancia durante dos o tres días, aquella diosa adolescente tenía alas y una conciencia dispersa que la llevaba de norte a sur, de la tierra al agua, del aire al fuego como si todo la atrajera y la cansara al mismo tiempo. Biscuter se emocionó cuando Carvalho le dijo que lo necesitaba para algo más que hacerle la comida, contestar al teléfono y quejársele porque no había cumplido su promesa de enviarle a París a seguir un curso sobre alta cocina. Primer curso dedicado a sopas, sólo a sopas.

—Síguela, Biscuter. Pero cuidado si se mete por el Barrio Chino, tú ya me entiendes, porque si hay una redada tú tienes cara de pescadito frito.

—¿Ya empezamos a faltar, jefe?

—Quiero decir que si te ve un «madero» te mete en la tocinera. Tu aspecto es de no tener ni siquiera abogado de oficio.

—Vaya día tiene, jefe. Me pondré el traje de los domingos.

Peor, pensó Carvalho al imaginarse a aquel fetillo disfrazado de domingo, pero no se lo dijo para no reincidir en el menosprecio. Colocada la familia Brando bajo la protección de Biscuter, Carvalho podía volver a obsesionarse con Claire.

—Jefe. Tendrá que darme para mis gastos. Cuando se sigue a una persona siempre hay que dar propinas y tomar cosas para disimular. A veces hay que meterse en librerías y hasta comprar libros, o revistas. No voy a sacarlo de lo que usted me da para la compra y para los gastos del despacho.

—Ojo con los libros que compras, Biscuter.

—Todo el mundo habla de uno de un tal Terenci Moix que se llama *El peso de la paja*.

—¿A qué paja se refiere?

—A las dos, jefe.

—Sólo te falta a ti un libro sobre pajas. ¿Quién es ese Terenci?

—Es como Victor Mature pero en pequeñito y con más cejas. ¿No se acuerda usted de Victor Mature?

Le dio cinco mil pesetas extras a Biscuter invadiendo su cubil privado. Le sorprendió poniéndose desodorante en dos sobaquillos en los que apenas cabía la punta de la barra. Biscuter retiró el desodorante con precipitación, molesto por la invasión de Carvalho. También se había puesto gomina sobre los pelos rubios que en los parietales recordaban una vegetación víctima de alguna tragedia ecológica. Las dos paletillas de Biscuter parecían desgajadas del cuerpo, como dos alitas de hueso contenidas por una camiseta sin mangas, vieja, pero limpísima. Biscuter tenía espaldas de tuberculoso años cuarenta o de aquellos enfermos de «la pleura». ¿Aún quedaban enfermos de «la pleura»?

—Abrígate, Biscuter.

Dejó al fetillo desconcertado porque aquel otoño era especialmente caluroso y se fue a la calle refunfuñando contra quien hubiera dicho que el mejor plan es no tener plan. Dio varias vueltas por el Barrio Chino, se coló por todos los pasajes y callejas que encontró por si le seguía alguno de los chicos de Contreras. No podía perder tanto tiempo. Se fue al Palace en un taxi al que hizo cambiar varias veces de objetivo. Finalmente en el Palace, el conserje le ratificó cuanto le había dicho por teléfono.

—¿Se marcharon juntos?

—Juntos y con todas las maletas. Fue una decisión precipitada porque en principio habían apalabrado la habitación durante quince días.

—¿Se marcharon en el mismo taxi? ¿Qué dirección dieron?

—Hable con el portero.

Se habían marchado en el mismo taxi y la despedida tenía aires de aeropuerto. Aunque no me lo digan.

—Yo distingo cuando se van al aeropuerto de cuando se van a otro sitio. No sé por qué, ni cómo. Pero es una manera de mirar el equipaje, de sentarse en el taxi.

—¿Era un taxista habitual del hotel?

—No tenemos taxistas habituales. Pero le conozco. Y a veces ronda por aquí o se pone en la parada de taxis del cruce de Gran Vía con rambla de Cataluña. Se llama Lorenzo, aunque a veces lleva el taxi su sobrino. También se dedica al transporte de prensa en furgoneta.

—¿Qué prensa?

—*Avui*, creo, ese diario en catalán.

La hora de comer le dio en un reloj invisible de su cerebro cuando había llegado a la conclusión de que Lorenzo tenía día de taxi y no de repartidor de prensa. Era su sobrino el que había hecho el reparto aquella mañana y nadie sabía o quería decirle dónde vivía. A lo sumo descubrió dónde estaba aparcada la furgoneta en un pequeño almacén de la calle Parlamento, pero las furgonetas no hablan y la licencia fiscal no aparecía en ninguno de los cristales. No tenía tiempo de volver al despacho para saborear el menú de Biscuter y se dedicó a tapear por la zona, en una deprimente comprobación de que las tapas ya no eran lo que habían sido o quizá él se había vuelto más exigente. La modorra de sobremesa le pilló desorientado, en plena acera del Paralelo. Tal vez si se dejara llevar por su impulso adolescente y llegaba hasta la desembocadura de las Ramblas, en el puerto, allí encontraría a la mujer soñada, esa que estaba esperando desde que había empezado a soñar con mujeres. Pero no se concedió el vencimiento sentimental y volvió al Palace, como quien vuelve al origen de su desorientación, por si desde allí partía algún camino oculto.

—Ha pasado Lorenzo.

Anunció el portero escuetamente, sin perder de vista el movimiento de las manos de Carvalho en busca de la cartera y el cálculo de los dedos dudando entre un billete de quinientas pesetas y otro de mil.

—Le he hablado de este asunto y algo me ha dicho.

Los dedos de Carvalho se decidieron por el billete de mil.

—Les llevó al aeropuerto.

—A los dos.

—A los dos. Fue el primer servicio, casi en la madrugada del jueves. Parecían muy cansados y ella estaba muy «pocha», muy deprimida, vamos.

—¿Seguro que los dejó en el aeropuerto?

—Seguro.

Pero Lebrun no se había marchado. ¿Qué había hecho con Mitia? Además tenía una cita confirmada con el coronel Parra en la Oficina Olímpica, para mañana, a las diez y media. O había sido un simulacro para los dos o sólo una cobertura de la huida de Claire. ¿Y Dimitrios? Carvalho intuía que la policía no perseguiría demasiado la solución del caso. El mejor extranjero drogadicto es el extranjero muerto, pero él debía dar una respuesta coherente sobre el destino del cuerpo de Alekos. Recordaba cómo Georges y Claire se habían repartido a los dos hombres en el momento del encuentro.

—Alekos.

Dijo ella.

—Mitia.

Dijo Lebrun.

Y Mitia no figuraba en la expedición, a no ser que les esperara en el avión. Contuvo el impulso inicial de ir hasta el aeropuerto del Prat para comprobar las salidas hacia París de la mañana del jueves. Contreras no tardaría en enterarse de su gestión. En cuanto abrieron las agencias de viajes por la tarde, le bastó ir a la central de Air France para recibir una compleja mezcla de alivio y angustia. Claire Delmas, viajera a París en el primer vuelo de la mañana del jueves. Pero no Lebrun. Ni nadie que pudiera recordar a Mitia. A no ser que hubieran elegido otro camino, Lebrun y Mitia continuaban en Barcelona y habían colocado a la mujer al otro lado de la línea de salvación. Dejó pasar las horas como obstáculos para su impaciencia. Necesitaba el atardecer para iniciar la búsqueda de Lebrun, para provocar la casualidad de un encuentro y la definitiva aclaración, ganar tiempo a la prevista cita de mañana, a la imprescindible llamada de Contreras provisto de nuevos datos que colocaran en un primer plano peligroso a Claire. Lebrun no era hombre para quedarse en una madriguera, sino para salir en busca de objetivos visuales, de sangre visual que sorbía con sus ojos acolmillados, y en cuanto la luz menguó insinuando el próximo protagonismo de la noche, Carvalho empezó a recorrer los locales de la Barcelona ambigua, de la Barcelona para la que las pirámides de Egipto no eran tres, ni los sexos dos. Se hartó de *lederones* con chaquetas de cuero, de sus pantalones tejanos, sus mostachos poblados y sus cogotes pelados, exhibiendo masculinidades profundas en locales como Chap, La Luna o El Ciervo, con sus *fulards* rojos y sus llaveros exhibidos y tintineantes, pura arqueología antropológica de los gays neoyorquinos de los años setenta. No. Lebrun no habría aceptado demasiado tiempo el espectáculo. Era pura reliquia.

Se trasladó a centros gays más modernos como el Strasse o el Greasse, llenos de homosexuales que hacen del vestirse una aventura de expresividad, un lenguaje personal ecléctico, resumidor de todas las artes. Eran arquitecturas vivientes. Diseños animados por sangres lentas y huesos blandos. Empezó a angustiarse. Mientras él rondaba el norte de la Barcelona equívoca, Lebrun podía estar en el sur o al revés, podían cruzarse los puntos cardinales durante toda la noche y mientras tanto crecer la estatura de Claire sobre la mesa de Contreras. En el Divertidoh predominaban las parejas biológicamente desiguales; maduros padrinos amueblados y muchachos en flor timándose con los *voyeurs* acuarentados que iban a poner a prueba sus secretos deseos. Allí entró Carvalho en conversación con un cómplice en voyeurismo, un ejecutivo agredido con cinco whiskys de más.

—Está animado.

—Siempre es igual. Y están los de siempre.

—¿Viene a menudo?

—No me confunda, amigo.

—No le confundo.

—Si busca plan, se equivoca. Yo vengo a mirar. Como iría a un sitio de bolleras. La gente es el mejor espectáculo.

—Es usted de los míos. Me divierte tanto la gente que ni siquiera veo la televisión.

—Chóquela.

Le ofrecía la mano y Carvalho dejó que se la estrechara.

—Yo vengo un día a la semana. Observo, repaso, recuerdo y me hago una idea de cómo van las cosas. Aquí casi todos son fijos.

—Es el sitio que está de moda.

—No del todo. Ahora lo que se lleva es Martin's pero más tarde. Allí hay de todo. Es como un supermercado de plumas. De todas clases y de todos los tamaños.

Se desentendió Carvalho de su interlocutor y esperó que el otro hiciera lo mismo. Pero notó como le ponía la mano en un brazo al tiempo que le ofrecía una copa.

—Un whisky se lo acepto. Pero ha de ser de malta. Cuando yo pago bebo malta. No veo por qué ha de ser diferente cuando me invitan.

—Chóquela. Usted es de los míos. Claro. Transparente.

—Un Knockando.

—Tengo del quince y también gran reserva.

Advirtió el camarero.

—Gran reserva para mi amigo.

Evitó el ejecutivo la vacilación.

—Es el whisky de la casa real inglesa.

Ilustró Carvalho y a su anfitrión se le agrandaron los ojos.

—Los reyes no se la machacan.

—La reina Isabel tiene pinta de pegarse más de un lingotazo.

—Y esa princesa gordita también, la Ferguson. El whisky es muy sano. Se mea todo.

—¿Va a seguir usted por aquí mucho tiempo?

—Lo que me pida el cuerpo. En casa me espera una foca y cuatro hijos.

—¿No ha pasado por aquí un hombre sin pestañas acompañado de un muchacho moreno, con aspecto de italiano o de griego o de andaluz de copla?

—Seguro que no. Me habría fijado. Qué bueno está este whisky, me apuntaré la marca. Usted sabe vivir, amigo. Yo soy una mula de trabajo y no sé vivir. Me quitan esta distracción de ver mariquitas un día a la semana y me hacen polvo.

—¿De dónde le viene esa manía?

—De mi padre.

—¿También era *voyeur*?

—No. Era una persona muy recta. Del Opus. De comunión diaria, y siempre me decía: Prefiero que un hijo mío sea comunista o separatista a que sea maricón. Siempre lo decía y a mí me entró una gran curiosidad por los maricones. Porque no sé escribir, que si supiera yo iba a dejar un tratado científico sobre la cuestión. Tras años y años de observación podría establecer una clasificación zoológica y botánica de mariquitas. Lo sé todo. ¿Usted sabe escribir?

—Sé firmar.

—Es lo más importante. Sabiendo firmar se sabe casi todo.

—¿Y usted a qué se dedica?

—Representante de conservas gallegas. Las mejores latas de sardinas y berberechos que se consumen en esta plaza pasan por mis manos. Deme sus señas y le envío un lote que no se lo acaba en un año.

Carvalho le dio una tarjeta donde constaban las señas del despacho.

—Detective privado. Algo me decía que usted tenía un oficio interesante. Entre usted y yo podríamos escribir una novela. ¿Ha probado usted los urinarios? No me interprete mal, pero ir por los locales de ese tipo es como ir por los salones de la buena sociedad. Donde está la verdad de esta gente es en los urinarios y en los cines. ¿Conoce el ambiente del cine Arenas? Aquello es canela fina, y los urinarios del Boulevard Rosa también tienen su interés. Si tuviera un plano le haría un recorrido fascinante, un recorrido que a mí me ha costado años y años de experiencia, pero sin mojarme, eh, eso que quede claro. A mí los tíos no me dicen nada y tengo más motivos que otros para afirmarlo porque conozco el vicio, sé de qué va y de qué van, no soy como otros que se proclaman más machos que Dios y sólo han visto maricones en las películas.

A Carvalho empezaba a cansarle el tema y la ilustración del ejecutivo.

—¿No tiene miedo que algún cliente le vea por aquí?

—Mis clientes no frecuentan estos sitios. Tienen miedo de pillar el SIDA hasta tomándose una tónica en un bar como éste. La gente ha perdido el sentido de la aventura y yo en cambio soy muy aventurero. A mí me quitan esta pequeña válvula de escape y es que me capan.

Carvalho dudó entre la gentileza de devolverle la invitación y las ganas de sacárselo de encima y optó por la segunda decisión. Al fin y al cabo la invitación había sido cosa suya.

— He de volver a casa.

— ¿Le espera otra foca?

— Tres. Soy mormón.

Dejó al ejecutivo braceando en un mar de confusiones culturales, en la duda de si un mormón era una aberración sexual o algo relacionado con la secta Moon. No era un niño, pero tal vez ya pertenecía a esas generaciones estúpidas que no han leído a Karl May y que por lo tanto jamás sabrán qué es un mormón, ni dónde está Salt Lake City. En estas reflexiones sobre la literatura sana estaba Carvalho cuando se descubrió de nuevo sin objetivo hasta que llegara la hora de ir a Martin's como gran almacén de todo el escaparate gay barcelonés, otro pajar para encontrar la aguja de Lebrun, del estúpido y prepotente Lebrun que había prescindido de él como si ignorarle pudiera borrar cuanto había sucedido aquella noche. Pasó por el despacho para hacer los honores de la comida que había preparado Biscuter y que las circunstancias habían convertido en cena. El hombrecillo estaba vestido de domingo y dormido ante un pequeño televisor que transmitía inútilmente un documental sobre la obra de Luis Buñuel, y Carvalho no lo apagó para que el silencio no despertara a su ayudante. Comió de pie en la cocina, sonó un despertador en el despacho y cuando fue a pararlo Biscuter estaba despierto, obsesionado por lo que transmitía la televisión.

— Es muy interesante todo esto, jefe. ¿Conoció usted a Buñuel?

—No. ¿Por qué tendría que conocerle?

—Porque usted conoce a casi todo el mundo. ¿A qué se dedicaba este señor?

—A hacer gamberradas.

—Pues vaya.

—¿Y la chica, Biscuter?

—¿Se refiere usted a la señorita Beba?

—¿Tienes otra chica, Biscuter?

—Todo controlado. El despertador. El vestuario. Ahora saldré en su seguimiento. ¿No ha dicho que es un ave nocturna?

—Estaba muy bueno tu guiso, Biscuter.

—Lo había hecho para el mediodía y recalentado es otra cosa. Pero con usted nunca se pueden hacer previsiones.

—¿No ha llamado nadie?

—¿A quién se refiere, jefe? Cuando usted me pregunta si ha llamado alguien quiere decir si ha llamado fulano de tal.

—Los franceses del otro día. Ella o él.

—Nadie. En este sentido, nadie. Ha llamado Charo.

—Charo.

El nombre le sonaba como un ruido y se arrepintió de que le sonara como a un ruido molesto.

—¿Qué gamberradas hacía ese Buñuel?

—Metía burros muertos en los pianos.

—Hostia, jefe, que los españoles nos llevamos la fama y otros cardan la lana. Yo no sé qué le encuentran a eso de meter burros muertos en los pianos.

—Era un sueño. Además, Buñuel era español.

—Bueno. Eso es otra cosa. En los sueños puede pasar de todo. Me voy a por la señorita Brando.

¿Qué soñaba Biscuter? ¿Qué estaturas alcanzaba en sus sueños? Recordó de pronto un rincón de memoria que le cristalizó el pecho hasta el dolor. Una vez muerta su madre, después de varios años de invalidez y de casi no poder hablar, su padre le dijo que de noche la oía soñar y hablar en voz alta. Dormida hablaba y a él no se le había ocurrido velar aquel sueño, recibir aquellos mensajes que la mujer no conseguía sacar de las profundidades de su alma a lo largo del día. El hombre es un animal racional que tiene remordimientos y se complace además en construirlos, lentamente, en acumular cosas de las que va a arrepentirse, gestos, silencios, como los que él estaba acumulando en su relación con Charo. Y por un momento tuvo el propósito de no seguir corriendo tras la sombra de Claire, de dejarla a su suerte, presumiéndola fuerte en su andar erguido, con aquellos ojos geológicos y transparentes. ¿Pero qué sería de la relación entre un hombre y una mujer sin el autoengaño de la protección? ¿Para qué sirve ese duro forcejeo entre dos animales espiritualmente enemigos, congénitamente enemigos si no mediara la convención de la fragilidad del uno y la fuerza protectora del otro? Por eso le había dolido la frialdad con la que Claire lo había expulsado de su encuentro con Alekos, pero a pesar de aquel dolor, de su teoría sobre el remordimiento, de su mala conciencia en relación con Charo porque Claire no le afectaba superficialmente, sino por debajo de la cintura de su conciencia a la defensiva, se vio en la calle, en dirección a Martin's, cumpliendo el Vía Crucis de la búsqueda de Lebrun, que era la búsqueda de ella. Y se encontró a sí mismo ante las puertas del Martin's como si se topara con un desconocido sorprendente. Casi se le echan encima cuatro muchachos jóvenes que reían alegrías secretas y comentaban en voz alta:

—Aquí hay que entrar con el preservativo puesto.

Dentro no se veía nada, pero se olía una curiosa mezcla de sudor barato y colonia cara o a la inversa, de colonia barata y sudor caro. El negro era el color dominante, en la planta de abajo porque estaba pintada de negro y en la de arriba porque la oscuridad era cómplice de los pulpos que amasaban las más secretas carnes humanas aprovechándose de la oscuridad. Sintió un profundo desánimo, porque no era lugar para Georges. A Lebrun le gustaba ver y aquí no se veía nada, salvo cuando la luz de un cigarrillo permitía ver rincones de pornografía, vistos y no vistos, como diapositivas movidas por una mano sádica. Era su última, pueril oportunidad y mantuvo la búsqueda a riesgo de parecer un fisgón que se jugaba la nariz cada vez que la acercaba a un bulto.

—¿A quién buscas, Caperucita?

—A mi abuelita.

—Aquí sólo vienen abuelitos.

Por un momento se le ocurrió encaramarse sobre una mesa y gritar el nombre de Lebrun, pero se arriesgaba a que los matones del local le convirtieran en un escarabajo pelotero y lo dejaran tirado en la calle. Mierda, pensó y dijo. Mierda. Mierda. Mierda. Mierda. Y se rindió no sólo por la imposibilidad de distinguir a Lebrun, sino por la clarividencia que iba adquiriendo progresivamente de que aquel local no correspondía al estilo del francés. Sintió un alivio antiguo, casi la memoria total del alivio, cuando recuperó la calle y el frescor del otoño. Si no estuviera escondido en su hotel, ¿dónde podría estar Georges Lebrun? La noche empezaba a convertirse en madrugada y se acercaba tanto la hora del encuentro previsto con Lebrun que casi era inútil ganar unas horas. Empezaba a ser funcionalmente inútil. Contreras debía estar durmiendo y el cadáver de un griego drogadicto no le iba a quitar el sueño. Pero se equivocaba. A su lado creció una sombra provocada por el lucerío del rótulo de Martin's y una bocanada de humo de puro barato le rozó la nariz. El hombre sonreía y tenía cara de criado de Contreras.

—Vaya sitios frecuenta, Carvalho.

—Se supone que me han de seguir disimulando.

—No siempre. Me he cansado de seguirle.

—Se habrá aburrido, porque me he pasado toda la tarde en la plaza de Cataluña tirando alpiste a las palomas.

—¿Qué palomas?

Se había puesto tan molesto que evidentemente no había conseguido seguirle toda la tarde, probablemente sólo lo llevaba enganchado detrás desde que había salido del despacho.

—Cada mochuelo a su olivo y yo a mi casa.

—¿Lo de mochuelo es por mí?

—No. Es un refrán castellano.

Aprovechó a llegada de un taxi con dos hombrones férricos que no habrían resistido la proximidad de un imán y se metió en el coche vaciado dejando al policía en una sorprendida soledad. Por el cristal trasero vio como el otro no reaccionaba, pero no podía asegurarse a sí mismo que no fuera con pareja y ya la tuviera en sus talones. Tuvo la inspiración de pedirle al taxista que le llevara a Horta y allí se quedó solo en la ciudad dormida a la espera de otro taxi al que encauzó hasta la plaza Medinaceli. Se le había ocurrido que tal vez Lebrun había acudido a otra sesión en casa de los Dotras, tan fascinado le había parecido por aquella comedia nostálgica de huérfanos del 68, aunque por el camino, las luces escasas y lejanas de Vallvidrera y el Tibidabo le transmitieron añoranza y deseos de volver a casa. Inertemente se dejó llevar al destino anunciado y ya en tierra anduvo cansinamente por las calles humedecidas por la brisa marina hasta adrentarse en el callejón del estudio de los Dotras. Todo estaba abierto de par en par, incluso el estudio donde dormitaban docena y media de personas arrulladas por Leonard Cohen. En seguida vio a Lebrun sentado sobre cojines, meditabundo y melancólico, a su lado Mitia dormía sin reservas y los demás, cada cual con su sueño o con sus sueños, se aprestaban a tirar una noche al pozo oscuro de la más irrecuperable de las nadas. Lebrun le vio inmediatamente pero no movió ni una ceja y Carvalho reprimió sin demasiado esfuerzo sus ganas de abordarle. Estaba cansado y temía que el resultado de tanta búsqueda no estuviera a la altura del esfuerzo de la búsqueda. Se sirvió una copa de cubalibre preparado en una gran olla tras pedir un permiso a un Dotras embalsamado por el aroma de todos los porros que se había fumado y con la copa en la mano se fue hacia la cocina separada por una cortina y la corrió en busca de algo sólido que llevarse a la boca. Allí estaba la señora Dotras con las tetas semidesnudas sobre los fogones, las faldas levantadas y en el centro del culo las arremetidas del ariete morado y húmedo de un jovenzuelo demasiado delgado para la empresa. Pero cumplía la empresa de follarse a la patrona con una profesionalidad de cinema porno y ella se quejaba en sordina con la melena gris desparramada sobre cazuelas semivacías. No se retiró Carvalho prudentemente, sino que permaneció contemplando el espectáculo y valorando la perfección de la escenificación. Se trataba de un contacto sexual salvaje y espontáneo, muy en la línea de los rojos más jóvenes que él a fines de la década de los sesenta. Se jodía entonces con una naturalidad que jamás generación alguna volverá a conocer y la vieja Dotras volvía a ser reina por un día, excitada por la proximidad del ambiente convencional y de un marido que flotaba en una nube de memoria y olvido. La escena tenía cierta belleza vital y a Carvalho casi se le humedecieron los ojos. Se hubiera acercado a la mujer para acariciarle los cabellos y desearle un orgasmo eterno, pero un profundo sentido del ridículo le hizo desistir y abandonar la cocina como si nada hubiera visto. Ahora le esperaba la mirada de Lebrun y no le regaló la satisfacción de un abordaje inmediato. Al contrario, Carvalho buscó la esquina opuesta de la habitación y se entregó con parsimonia a la degustación de la copa. Lebrun levantó la suya en un brindis lejano y decantó la cabeza para comprobar o vigilar o proteger el sueño de Mitia. Salió de la cocina el audaz espadachín con un plato de ensaladilla de arroz en una mano y la otra comprobando por última vez la cerrazón de la bragueta y segundos después apareció la Dotras con una ligereza de movimientos renovada y la voz cantarina anunciando *urbi et orbe* que aún quedaba comida para un regimiento. Pero le quedó colgada la voz entre los vapores de la estancia como una propuesta inútil y regresó la mujer a su cocina alcoba una vez recuperada la normalidad íntima. Pasaron los minutos y Carvalho se preguntaba quién de los dos daría su brazo a torcer. Fue Lebrun quien, tras comprobar una vez más que Mitia dormía, se alzó con una ligereza que Carvalho le envidió y buscó acomodo sentándose a su lado. Permanecieron en silencio mientras Lebrun acababa el porro que tenía entre los dedos, previo al rechazo de Carvalho en compartirlo.

—¿Me buscaba o ha sido un encuentro casual?

—No soy un habitual de estos funerales. De hecho es la segunda vez que vengo.

—La verdad es que me atrajo más el primer día. Hoy ha cambiado la música pero todo lo demás es igual.

—Nunca segundas partes fueron buenas.

—Nunca hay que forzar las circunstancias.

Era una clara indirecta y Carvalho suspiró.

—Usted cree controlarlo todo y no es así. La policía me ha hecho preguntas y debo contestarlas cuanto antes.

—¿Por ejemplo?

—Quién reclamará el cadáver.

—Solucionado. A estas horas Claire, con su nombre real, ya se ha puesto en contacto, desde París, con el consulado francés. Le ha llegado la onda del hallazgo de un cadáver, onda que le ha transmitido un amigo residente en Barcelona que ha podido leer los periódicos. Una vez ratificada la identidad de Alekos, yo me haré cargo de todo. Me quedan unos cuantos días de estancia.

—¿Claire no se llama realmente Claire?

—No. ¿Cómo íbamos a dar esa facilidad de

identificación? Pero entre nosotros seguiremos llamándola Claire.

—Mañana tiene usted una cita en la Oficina Olímpica.

—¿Cómo lo ha sabido?

—No sólo soy un guía de *Barcelona la nuit*, también soy detective privado. No menosprecio a Contreras, el policía que se cuida del asunto. Tiene reacciones imprevistas y un aguijón de alacrán. Sabe que yo iba acompañado.

—Puede dar mi nombre.

—Puede llegar a saber que nos acompañaba una mujer.

—Tengo a esa mujer. Una mercenaria francesa que sabe de memoria todo cuanto hicimos aquella noche.

—Claire o como se llame queda a salvo.

—Sí. Y yo. El que más peligra es Mitia y si Mitia peligra entonces todo puede derrumbarse. Mi primera idea era colocarle en la frontera, pero estaba tan decaído a ratos e histérico en otros momentos, que me dio miedo dejarlo solo. Desde que comenzó su huida con Alekos todo ha sido muy duro para él. Pero creo que bastará reclamar el cadáver para pasar la página.

Carvalho se mordió los labios para no formular la pregunta que él deseaba y Lebrun esperaba. Parecía más interesado en explicarle el papel jugado por Mitia en el drama que el sentido del desenlace del drama.

—Es un muchacho muy joven pero muy responsable. En París lo tenía todo. Yo había conseguido matricularle en un liceo privado donde conseguiría ponerse al día en sus estudios, apenas un año. Pero Alekos ejercía sobre él una fascinación morbosa que se acentuó cuando conoció su enfermedad y le siguió fuera a donde fuera, acabara como acabara. Para mí fue un desafío porque Mitia era mi estatua, mi razón de ser Pigmalión. Cuando le conocí era un jovencillo haragán y desconfiado que crecía a la sombra de Alekos y sus amigos, alimentándose con sus sombras, en todos los sentidos de la palabra. Fue en el viaje de Patmos cuando me sentí conmovido por la calidad profunda del muchacho, por una clase innata.

—Es decir, que a Patmos fueron los tres.

—Sí, Alekos, Mitia y yo.

—¿Mitias era la pareja de Alekos o la suya?

—¿Por qué tenía que ser necesariamente nuestra pareja? Tenga más capacidad de matiz, por favor. Era nuestra obra. Alekos la entendía a su manera y yo a la mía. Él desde el desespero de un «meteque» que jamás se sentiría integrado en cultura alguna y yo tratando de darle a Mitia la estatura de una estatua admirable.

—Y Claire...

—Pobre Claire...

Pobre Claire. Era un irritante, sutil desprecio el que acentuaba las palabras de Lebrun. Pobre Claire.

—Reaccionaba como una hembra histérica. Algo, alguien quería quitarle a su Alekos y eso no podía tolerarlo. Yo era su vecino y tenía una cierta relación ocasional con ellos como pareja; lo que Claire desconocía era que poco a poco fui frecuentando más a Alekos, por separado. Era mucho más interesante. Y de esa relación vino el encuentro con Mitia.

—Cada uno de ustedes me mintió a su manera.

Usted ocultó mientras pudo esa relación con Alekos, hasta que surgió la historia de Patmos, el Apocalipsis y todo eso. Y nada me dijo de Mitia. En cuanto a ella me ocultó que sabía la condena a muerte de Alekos.

—Lo sabía. Alekos huyó de París herido de muerte y cometió la irresponsabilidad de llevar consigo a Mitia. Desde entonces Claire y yo les hemos buscado, cada uno con un objetivo diferente. Ella quería comprobar que Alekos no era de otra o de otro y yo que Mitia estaba a salvo y podía recuperarlo para completar mi obra.

—Y cuando encontraron a Alekos.

—Agonizaba. Era cuestión de días.

—Pero alguien le dio la sobredosis. Alguien tuvo la piedad o la soberbia de rematarle.

—La piedad o la soberbia, no está mal visto.

—¿Fue piedad o soberbia?

—Tal vez las dos cosas.

—¿Usted? ¿Claire?

Ahora Lebrun sonreía, como si el drama se hubiera convertido en un acertijo de sobremesa aburrida. La sonrisa de aquellos ojos sin pestañadas proponía: adivínelo. Siniestro y curioso personaje que introducía el juego en una historia de vida o muerte. Lebrun estaba esperando su veredicto y Carvalho no quiso darle la satisfacción de mendigarle la respuesta. Se dejó caer de espaldas sobre los cojines, a contemplar los altos techos, sus vigas de madera y los vapores de hachís que subían de aquella humanidad lánguida y adormecida. De pronto se oyó ruido de cuerpos en lucha y Carvalho se incorporó sobre sus codos. Dotras forcejeaba como un gigante cogiendo por un brazo y zarandeando a uno de los yacientes.

—¡Ya está bien, hijos de puta! ¡El espectáculo se ha terminado! ¡Ésta es mi casa! ¡Os lo coméis todo! ¡Hasta os coméis mi memoria y mi inteligencia! ¡No vale lo que pagáis! Hijos de la gran puta, a vuestras casas si es que tenéis. Yo a los doce años ya trabajaba y todos vosotros sois niños de papá... A los doce años repartía sombreros y pasteles del Horno del Cisne... Sois tan mediocres y desgraciados que vuestros recuerdos darán pena... Serán recuerdos incoloros, inmaduros e insípidos...

Su mujer había salido bruscamente de la cocina y hacía señas de que todo el mundo se marchara, mientras ella se acercaba a su marido como si se acercara a un niño enfurruñado.

—Papá, no te pongas así, papá...

—Mira cómo lo han puesto todo estos imbéciles. No me pagan ni las miradas.

—Papá...

La mujer había escondido la cabeza del hombre entre sus pechos y sus brazos e insistía con gestos en que los demás se marcharan. Algunos dormían y no estaban en condiciones de recibir el mensaje. El resto inició el desfile hacia la salida perseguido por las advertencias económicas de la patrona.

—Los que no hayáis pagado dejad el dinero en esa pieza de cerámica de Llorens Artigas. Tú, Carlet, tú no has pagado, que te veo...

Y se lo decía al mismo que le había hecho la carretilla en la cocina, implacable manager, mientras no dejaba de acunar el cabezón de su marido que lloraba silenciosa o silenciadamente. Mitia presentía que alguna relación especial había entre Lebrun y Carvalho, aunque no le había reconocido como uno de los intrusos en la noche última de

Alekos, ni había podido escuchar la conversación sostenida entre los dos hombres. Al llegar a la calle la hilera de desterrados de Chez Dotras se fue deshilando y al final el grupo más compacto fue el trío compuesto por Carvalho, Lebrun y Mitia.

—Este señor fue el detective que nos ayudó a encontraros.

El recelo se instaló en los ojos oscuros de Mitia y retardó los pasos para dejar que los dos hombres prosiguieran su secreto acuerdo.

—A pesar de todo fue una noche inolvidable y no por el motivo que usted supone. Eso fue un simple detalle, una conclusión lógica de una larga huida y de una larga búsqueda. Fue hermoso el recorrido, el viaje en sí. Primero Dotras y su negocio sobre ruinas de la memoria. Luego todos aquellos almacenes, aquellas fábricas... como arqueologías fugazmente recuperadas para industrias de sueños, fugaces, etéreas... Escultores, fotógrafos...

—Moribundos.

La palabra no le había gustado a Lebrun, que cerró los ojos y comentó:

—Los españoles son demasiado trágicos. De toda aquella noche yo retengo todas las Icarias y usted una sórdida jeringuilla y el asesinato de un cadáver.

E impulsó un malhumorado silencio hasta que decidió dar por terminada la historia y su relación con Carvalho.

—Fue Claire. No permitió que yo lo hiciera por ella. Alekos era suyo. Esa propiedad no peligraba a causa de otra mujer o de un hombre, sino por el cerco de la muerte. Claire llevaba la inyección preparada en el bolso desde que habíamos llegado a Barcelona. ¿La recuerda con los brazos cruzados sobre el bolso y el bolso sobre el pecho? Era como proteger la contraeucaristía. Allí llevaba toda su piedad y toda su soberbia hacia Alekos.

—¿Y él?

—No sé que hablaron. Usted mismo pudo comprobar que ella se apoderó de él en cuanto le vio y los demás sobrábamos. Lo cierto es que Alekos se dejó poner la inyección sin protestar y yo diría que con un cierto alivio. Mitia lo adivinó todo cuando ya era irremediable, tuvo un berrinche, pero ya pasó. Para él todo vuelve a empezar.

Se detuvo en seco y tendió la mano hacia los brazos lánguidos de Carvalho.

—Supongo que ha recibido mi cheque. Además le ofrezco mi agradecimiento y mi contento. Ha sido un placer.

Estrechó la mano que le tendía el francés y dejó que se marchara Ramblas arriba, con un brazo pasado sobre los hombros del muchacho. Carvalho optó por descender las Ramblas y compensar con una ración de despacho el poco caso que le había hecho en los últimos días. De vez en cuando volvía la cabeza Ramblas arriba para comprobar el paulatino alejamiento de la pareja, hasta que se confundieron con las últimas penumbras de la rambla de las Flores y los escasos paseantes con voluntad de jungla. Se puso la cara de pocos amigos para evitarse diálogos molestos con miserables camellos transparentes baratamente calzados para la huida, pero todavía alguno en plena bancarrota comercial se le acercaba lo suficiente hasta que los ojos de Carvalho le detenían, como sólo pueden detener los ojos de un hombre armado. Se metió en el despacho y tardó en comprender por qué Biscuter no estaba en su camastro. Le había regalado la condición de ayudante y a estas horas estaría asombrando a la Barcelona nocturna con sus hombreras de acero y su fumar de galán de ojos atormentados por el humo y las perspicacias. Desde hacía muchos años no había experimentado la sensación de estar solo en su propio despacho y la acentuó oscureciéndolo. Se entregó al sillón giratorio, puso los pies sobre la mesa, sacó del bolsillo de la chaqueta la linterna rescatada, dejó que se sintiera acariciada entre sus manos y cuando la iba a guardar en el cajón presionó el conmutador y salió la alegría de la luz, con la que buscó ángulos de la habitación, la senda de Biscuter hacia su madriguera y finalmente su propia cara, iluminada espectralmente desde la punta de la barbilla. Luego se puso el ojo dióptrico iluminado en la sien, en la boca, apagó bruscamente la linterna y la precipitó en el fondo de un cajón demasiado grande para ella. Oyó cómo rodaba por el interior cuando empujó el cajón hasta su límite y permitió que aquel ruido paulatinamente extinguido le hiciera compañía. Luchaba contra la congoja o trataba de recordar cómo podía convocarla, cuando una llave se metió decidida en la cerradura y en el dintel se recortó la silueta de Biscuter tenuemente iluminado por la baja luz del descansillo.

—Soy yo, Biscuter.

—¿Es usted, jefe? ¿A estas horas?

Se hizo la luz y Carvalho paladeó a sus anchas a aquel viejo muchacho con traje nuevo de veinte años de antigüedad y una corbata casi de primera comunión.

176

—¿Qué tal?

—De puta madre, jefe. Si no está cansado paso a informarle.

Se buscó el escudero acomodo en la silla habitualmente dedicada a la clientela, dispuesto a dar una larga referencia de sus idas y venidas tras la señorita Brando. Se sacó una libretita de papel cuadriculado del bolsillo y empezó su informe con una voz en falsete, con ligero acento portorriqueño, como si imitara a los narradores de los telefilms norteamericanos doblados al castellano en Puerto Rico.

—Jueves, veintidós treinta. BB sale de su casa aprovechando las primeras sombras de la noche.

—A esa hora, en otoño, ya no son las primeras sombras de la noche...

Pero Biscuter no le hizo caso. Prosiguió su relato de seguimientos a bares, restaurantes, discotecas...

—¿Nada de droga?

—Por ahora no.

Y siguió con su inútil inventario de idas y venidas hasta que de pronto dijo algo de pasada que activó la atención de Carvalho.

—Viernes, dos quince. BB sale de KGB. Es noche cerrada. La ciudad descansa. Parada en Nick Havanna. Toma de contacto con BB...

—Repite, Biscuter...

—Toma de contacto con BB.

—¿Tú sabes que si tomas contacto ya no puedas seguirla? ¿No te das cuenta que a partir de ahora te va a reconocer?

—Lo siento, jefe. Fue ella la que se me echó encima y me hizo más preguntas que un médico. Le tuve que contar toda mi vida. Y ella iba diciendo: *Pobret! Pobret!* (1). Me entró una congoja. Yo no sabía o no recordaba que mi vida hubiera sido tan desgraciada. Me regaló este libro.

Peter Pan. James M. Barrie. Traducción Leopoldo María Panero. Carvalho estaba boquiabierto. Biscuter también.

—¿Qué iba a hacer? ¿Tenía que haber escapado? Es una gran chica. Me invitó a ir a su casa, pero pensé que eso era pasarse. Pagó ella las consumiciones. Jefe. Y además, el libro.

(1) ¡Pobrecito! ¡Pobrecito!

Brando Sr. escuchó el extenso pero inútil reportaje de Carvalho, en el que omitía la participación de Biscuter. Apreciaba su trabajo. Se notaba porque cavilaba, como si fuera consciente de que detrás de tanto movimiento ritual, chico sigue a chica, una y otra noche, podía haber una segunda lectura. Carvalho sólo sabía vender la nada. Cuando el detective dejó de hablar, Brando se apresuró a concluir.

—Es decir, que...

—El cerco se estrecha.

—Eso es. El cerco se estrecha.

—Ya tengo anotados todos sus circuitos normales. Son cinco o seis y a partir de esas bases improvisa. En el momento en que se salga de un circuito normal, ya está, ya sabemos que nos acerca al objetivo.

—Muy bien, Carvalho. Lento pero seguro. Se lo digo tal como lo siento, porque yo llamo al pan pan y al vino vino.

El trato de Brando Jr. fue radicalmente diferente. Carvalho repitió lo mismo que había recitado ante su padre, pero en un tono de voz menos lírico, más enunciativo, adecuado a un hombre de treinta años que había vivido malos tiempos para la lírica y para la épica.

—¿Eso es todo?

—Sí.

—Pues es muy poco. Usted no ha forzado ninguna situación. Mi hermana puede hacer esa vida meses y meses, y cuando usted esté distraído, en un momento de descuido se la cuela. Ha de provocar usted la situación. En teoría empresarial eso se llama hacer la oferta para provocar la venta. ¿Comprende?

Pensó en mandarle a paseo, pero reflexionó sobre los tiempos venideros y la raza. Brando Jr. no mejoraría; al contrario, empeoraría. Convenía relacionarse con los mutantes para apoderarse de su lenguaje, como paso previo para apoderarse de su alma. Tanto él como Biscuter habían quedado en malas condiciones ante la muchacha, pero en cualquier caso, Biscuter servía todavía para la vanguardia, expuesto a ser visto, comprensible su papel de enamorado seguidor del Ave Ilusión.

—Si alguna vez te descubre, tú te pones nervioso.

—No hace falta que me lo recomiende, jefe. Me pondré.

—Pero más de lo normal. Como si fueras un adolescente descubierto por la chica a la que está siguiendo.

—Insinúa usted que yo he de hacer ver que estoy enamorado de ella... Y que me declaro. Le diría: desde la primera vez que la vi salir aprovechando las primeras sombras de la noche... perdón, que lo de la hora ya me dijo...

—No. Puedes decirle que la sigues desde la primera vez que salió de su casa aprovechando las primeras horas de la noche... Así se pensará que la sigues desde junio.

180

—Ya me he declarado, jefe. ¿Y después? No quisiera que se hiciera falsas ilusiones.

No había elección. Biscuter en la vanguardia. Él en la retaguardia. El joven Brando tenía razón. Había perdido capacidad de iniciativa. No se fiaba del sistema y por ello los primeros días Biscuter seguía a Beba y Carvalho a Biscuter, y cuando el auxiliar llegaba a alguna encrucijada interesante y volvía sobre sus pasos para comunicársela al jefe, Beba mientras tanto había volado. Finalmente acordaron que durante dos días Carvalho permanecería de guardia en el despacho y Biscuter le telefonearía en cuanto advirtiera algo fuera de lo normal en Beba. Y ocurrió durante la noche del segundo día del nuevo sistema, porque Biscuter le telefoneó agitado desde una cabina telefónica, que Carvalho podía ver desde la ventana de su despacho, en las Ramblas. Como si estuviera en la otra punta de la ciudad o del mundo, Biscuter gritaba su información.

—Que te estoy viendo desde la ventana, Biscuter.

—¡Es que la chica se ha metido...!

—¿Dónde se ha metido?

—Aquí al lado, en Arco del Teatro, y está tratando con camellos, jefe...

—Ahora bajo.

Saltó los escalones de tres en tres y se maravillaba de insospechados restos de elasticidad, aunque ya en la calle tuvo que recuperar la respiración y el ritmo de una marcha normal para no alarmar a los zombies de la noche que merodeaban buscando su alimento entre las sombras, basuras en los containers y en los otros noctámbulos que buscaban en el sur de las Ramblas los restos de los naufragios de la ciudad. Biscuter estaba junto al chiringuito dedicado a la venta de cazalla con un inconfundible aspecto de espía chino a la espera del cuchillo que le cortaría el último resuello. Allí, allí... Allí estaba Beba, avanzando hacia ellos, un cuerpo iluminado por los faroles más sucios del mundo y perseguido por los ojos de los habitantes de aquella leprosería social. Carvalho despidió a Biscuter para su sorpresa.

—¡Si ahora empieza lo interesante!

—Ya te lo contaré.

Beba tenía el coche mal aparcado al pie de la estatua de Pitarra. Un retén de la guardia municipal empezaba a husmear el vehículo, pero Beba les debió parecer una aparición y la saludaron militarmente, aunque luego a sus espaldas cuchichearon ruindades. Carvalho subió a su coche y atravesó las Ramblas sobre el pavimento de la calzada peatonal para orientarse en dirección contraria, tras el coche de la muchacha. Era tan ilegal la maniobra que los policías reaccionaron tarde y apenas pudieron salpicarle de insultos, ni siquiera le pareció ver, por el retrovisor, que sacaran el bloque de multas. La muchacha conducía hacia las alturas de la ciudad, y al llegar a la Diagonal en vez de buscar el camino de su casa hacia la zona residencial de Can Caralleu, se fue a por el paseo de la Bonanova y aparcó ante el chalet-gimnasio donde su madre insultaba cada día a los apellidos más ilustres de la ciudad. Saltó del coche y se fue ligera hacia la puerta principal. Tenía llave porque no hizo llamada alguna y se metió en la casa como si fuera la suya, mientras Carvalho repasaba en la guantera el juego de ganzúas que mejor pudiera servirle. Estaba la alarma desconectada y la entrada de la muchacha era esperada, porque la puerta quedó cerrada de golpe y bastó una tarjeta de crédito para abrirla. Carvalho tuvo que dar un salto atrás para no toparse con la extraña comitiva que salía del despacho. Al frente la silla de ruedas con el sonriente ex gimnasta, impulsada por Beba, mientras al lado avanzaba como entusiasmado paje la madre, abriendo a machetazos de brazos el aire mientras cantaba más que pregonaba:

—¡Ésta va a ser tu noche de gloria, Sebastián!

Sebastián trataba de impulsar la marcha de la silla moviendo el culo y dando pataditas sobre el reposapiés, repartiendo sonrisas hacia su mujer y hacia Beba, que empujaba la silla como si fuera la reina de la situación. La madre iniciaba ahora los compases de *La Marsellesa* y movía los brazos a la altura del rostro radiante de Sebastián cuando llegó al verso:

—*Le jour de glorie est arrivé*.

La silla de ruedas y su contenido fue introducida en la sala de gimnasio, donde la madre dispuso como únicos elementos de *atrezzo* una mesita, una banqueta y los aros que desplazó por una guía metálica hasta que coincidieron con la situación del inválido. Sebastián miró hacia arriba y sus ojos se empaparon de gozo al ver los aros colgando sobre su cabeza. Beba abrió el bolso, sacó un sobre y vertió parte de su contenido sobre la mesa, recibiendo de manos de su madre un canuto de plata del que se valió para marcar tres rayas de polvo blanco sobre el tablero. La madre contemplaba la operación con el hociquillo salido y todo el cuerpo pendiente del acierto de la muchacha, sin descuidar un juego completo de miradas de complicidad hacia Sebastián. Por fin estuvieron las tres rayas de coca sobre la superficie pulimentada y Beba tendió el canuto al inválido, que lo tomó como si fuera un instrumento litúrgico, se lo calzó en un orificio de la nariz con una mano, mientras con la otra se tapaba el orificio contrario. Fueron tres aspiraciones sabias, tres sendos alzamientos de la cabeza, para que el polvo llegara a las mucosas más sensitivas, y luego los dedos palparon con avidez las motas de polvo supervivientes sobre el tablero que fueron esparcidas por las encías de una boca abierta en una mueca de pato hambriento. Las mujeres se situaron al otro lado de la mesa y Sebastián las miraba desafiante, convocándolas a la segunda parte del espectáculo que empezó a insinuarse minutos después. Primero apartó la silla de ruedas de un culazo y se quedó a solas sobre la tierra con las piernas ligeramente abiertas y los brazos aleteando, para mantener el nuevo equilibrio. Ya seguro de sí mismo fue juntando las piernas, luego flexionándolas y finalmente, ayudado por las mujeres, se subió a un taburete que le permitió empuñar los aros en las manos.

—¡Ya está! ¡Ya está!

Ordenó, y las cuatro manos de Beba y su madre se precipitaron hacia la banqueta retirándola. Sebastián ya se alzaba como Cristo, con los brazos trémulos alejando los aros para permitirse el espacio de la cruz, las piernas juntas, la cabeza en alto, los nervios del cuello al borde del estallido y las cuatro manos de las mujeres ahora aplaudiendo al gimnasta inválido entre jaleamientos y comparaciones.

—¡Mejor que nunca!

—¡Maravilloso, Sebas...!

Carvalho se retiró quedamente y por el camino de reencuentro de su casa pensó en cómo redactaría el informe para Brando Sr. o como le diría a Brando Jr. que no aceptaba convertirse en el ángel de la guarda de Beba. «Atrás, atrás, señora. A mí no hay quien me coja para hacerme hombre», había dicho Peter Pan en el momento en que definitivamente se niega a crecer. Ya en casa buscó el libro de James M. Barrie para quemarlo y no lo encontró. Luego, progresivamente, recordó la circunstancia personal en que lo había quemado. Había sido hacía diez u once años, después de una borrachera, al recuperar la indignación infantil que había sentido porque Wendy no puede volar y por lo tanto nunca compartirá el destino de Peter Pan. Tendría que comprar otra edición para volver a quemarlo y ante las llamas convocaría la inocente desnudez de Beba, sin valor para pedirle que a él también tratara de compensarle su invalidez. Pero de pronto, Carvalho se recuperó a sí mismo y se oyó mascullar: ¡Nos ha jodido, la diosa! Y al ponerle el rostro a la diosa desnuda, desvelada, pasaba de los rasgos de Beba a los de Claire, de los de Claire a los de Beba, molesto porque la señorita Brando pudiera usurpar un espacio que quería sólo perteneciera a Claire. La escena del supuesto inválido drogado podría ser tan hermosa como sórdida y la de Claire rematando a Alekos tan sórdida como hermosa. Hay mujeres que engullen, como un sumidero.

Pepe. Durante varias semanas habrás sabido de mí por Biscuter, al que he utilizado como paño de lágrimas. Sólo te he llamado al despacho, porque

quería dejarte en libertad de contestarme o no.
Sabía que llamarte a casa era una encerrona y no
quería adivinar en tu voz el fastidio por mi llamada. Ya no te pregunto, como tantas otras veces,
qué nos pasa, Pepe, porque no quiero que me
contestes: nada y que me invites al cine, o a cenar,
o a subir a tu casa en Vallvidrera para hacer el
amor con mi cliente preferido. Nunca me habías
huido como ahora. Perdóname, pero te he seguido
varios días y te he visto revoloteando en torno a
dos chicas preciosas, francesa la una, según me
contó Biscuter, una de esas mujeres que a ti te
pueden gustar, porque no se sabe si van o vienen, si vienen o van, y a ti te gustan los misterios
que no sabes resolver. Lo de la otra chica me
preocupa más, porque es casi una niña, y aunque
ya estoy curada de espantos ante las burradas
que hacen los hombres de tu edad cuando van de
vampiros y creen que chupar sangre joven les
rejuvenece, no te considero de esa clase de tontos
y tal vez estés pasando un mal momento, tan malo
que no me necesitas, Pepe, y darme cuenta de ello
me da mucha tristeza, me pone mala y no hago
más que llorar. Biscuter me dice que la chica
joven es otro caso profesional, pero le noto en la
voz que él también se ha dado cuenta de que algo
te pasa, muy hondo, muy hondo, muy escondido,
muy escondido, como si se te hubiera muerto lo que
te quedaba de corazón. Me he renovado el Docu-
mento Nacional de Identidad y no he tenido más
remedio que volver a leer la fecha de mi nacimiento. Desde hace años me pongo cuatro clases de
cremas al día en invierno, y hasta seis en verano,
cremas, no «pomadas» como tú sueles llamarlas.
Mi maquillaje ha ido cambiando con los años,

antes era a la acuarela, como tú lo calificaste,
ahora al óleo, como tú sigues calificando, pero por
debajo de mis cremas y mis colores sale el tiempo
y lo noto en mis gestos, en lo que recuerdo, en lo
que añoro, en lo que deseo. Son malos tiempos
para una puta madura que se ha quedado a me-
dias, entre el penco desorejado del montón y esas
tías impresionantes de veinte años y metro ochen-
ta de estatura que sólo saben poner preservativos
y hablan como pijas de buena familia, aunque no
sean pijas, ni de buena familia. Mis clientes fijos
han envejecido, se van rindiendo a la vida ordena-
da, sus mujeres ya son abuelas relativamente
bien conservadas y empiezan a tener miedo de sus
hijos, de sus nietos, tan fuertes como ellos, con
toda la vida por delante. Ya ni me hablan mal de
sus mujeres, al contrario, las pocas veces que
recurren a mí tratan de que me caigan simpáticas,
de que las llame por el diminutivo que ellos mis-
mos emplean. Tienen miedo de sus mujeres, por-
que envejecen mejor, les sobrevivirán. A veces me
pagan sin follar y entonces no dejan propina.
Síntomas, Pepe, síntomas de que esto se acaba y
me van a pillar los cincuenta años más pintada
que nunca, con más cremas que nunca y esperando
junto al teléfono que me llamen y que no me
llames. No hubiera sido mejor que te dijera perso-
nalmente lo que voy a decirte. Lo veo muy claro.
Mejor que quede por escrito y me recuerdes tal
como era, tal como éramos la última tarde que me
sacaste a pasear para que se me fuera el neura o
en aquel viaje a París que, por fin, hicimos la
primavera pasada. ¿Recuerdas aquel viaje a Pa-
rís, Pepe? ¿Recuerdas lo mucho que hablé, lo poco
que hablaste? ¿Recuerdas lo feliz que fui, lo

poco feliz que tú fuiste? En fin. A lo que iba, que ya se me acaba el alfabeto y tú nos has leído tanto desde aquellos tiempos en que leías para descubrir que los libros no te habían enseñado a vivir. Me voy. Tengo una oportunidad, no muy clara es cierto, pero oportunidad al fin, en Andorra. Un antiguo cliente tiene allí un hotel y le da pereza subir y bajar para controlar cómo van las cosas. Me ofrece ser la supervisora del hotel. Vigilar si le roban, sonreír a los clientes en la recepción, pasearme entre las mesas durante la cena y preguntarles si todo va bien. La vida allí es un poco aburrida, pero muy sana, me dice, que no sabe él cómo puedo respirar yo la mierda que se respira en este Barrio Chino, aunque hayan abierto esa brecha y hayan quedado con el culo al aire, aún más, las vergüenzas del barrio, entregando un solar como escaparate de tanta ruina humana. Y voy a aceptar. Los tratos no son malos. Comida, casa, cien mil limpias al mes y una consideración que sólo tú me habías dado, de igual a igual, de persona a persona. Biscuter conoce bien Andorra, de cuándo en cuando chorizaba por allí coches para sus razzias de fin de semana y contrabandeaba botellas de whisky y vajillas de duralex. Biscuter no me ha dicho que sí, ni que no, pero tú con tu silencio me has dicho que sí. Hubiera querido escribirte sobre momentos bonitos, que los ha habido de tantos años de relación entre nosotros, pero ya ha sido una hazaña escribir lo que he escrito y me los llevo como recuerdos. No quiero que te sientas culpable. En el fondo siempre he sabido que me habías hecho caso para no tener que hacerme caso y así no sentirte nunca culpable. Te quiero. Charo.

Biscuter se había refugiado en su trastienda. Casi le oía respirar. Le había dado la carta con los ojos nublados y Carvalho no tenía ganas de ver ojos nublados. Salió a la calle razonablemente dispuesto a ir a casa de Charo y hacerle desdecirse y cuando llegó a la iglesia de Santa Mónica su vista se distrajo entre el anuncio de la exposición de pintura allí albergada y el tráfico calcuteño que envolvía el monumento a Colón, un colapso preolímpico a costa de las obras que en el futuro facilitarían las Olimpiadas. Y sus pies dejaron la senda que llevaba hacia Charo, tal vez mañana, y siguieron lo que queda de pendiente de las Ramblas, hacia el puerto, por si se producía el encuentro con la mujer de sus sueños. Presentía que era la última vez en la vida que iba a comportarse como un adolescente sensible, al margen de las edades reales que marcasen los calendarios y los documentos nacionales de identidad, y se dejó llevar por las piernas, hacia el puerto, sorteando paquidermos mecánicos varados e histéricos, hasta llegar al borde mismo de los muelles, y sobre las sucias aguas llenas de chorretes de aceite y de restos de naufragios indignos, vio el cuerpo flotante de Claire, aquellos ojos geológicos, transparentes, aquella sonrisa que ocultaba tanta verdad como transmitía, aquella sonrisa de máscara de espuma. Cerró los ojos y al abrirlos sólo estaban las aguas como un cristal sucio y las estructuras pesadas de los barcos, tan anclados, que parecían de piedra.

IMPRESO EN LITOGRAFÍA ROSÉS, S. A.
PROGRÉS, 54-60. POLÍGONO LA POST
GAVÁ (BARCELONA)